# 体教融合视域下乒乓球后备人才的科学培养研究

茹 瑶◎著

SPM 南方传媒 | 广东人民出版社
·广州·

图书在版编目（CIP）数据

体教融合视域下乒乓球后备人才的科学培养研究 / 茹瑶著. —广州：广东人民出版社，2023.12
ISBN 978-7-218-17066-4

Ⅰ. ①体… Ⅱ. ①茹… Ⅲ. ①乒乓球运动—后备力量—人才培养—研究—中国 Ⅳ. ①G846

中国国家版本馆CIP数据核字（2023）第211330号

TIJIAO RONGHE SHIYU XIA PINGPANGQIU HOUBEI RENCAI DE KEXUE PEIYANG YANJIU
体教融合视域下乒乓球后备人才的科学培养研究

茹 瑶 著



出 版 人：肖风华

责任编辑：马妮璐
责任技编：吴彦斌 周星奎
装帧设计：马静静

出版发行：广东人民出版社
地　　址：广东省广州市越秀区大沙头四马路10号（邮政编码：510199）
电　　话：（020）85716809（总编室）
传　　真：（020）83289585
网　　址：http://www.gdpph.com
印　　刷：北京亚吉飞数码科技有限公司
开　　本：710mm×1000mm 1/16
印　　张：13.75 字 数：218千
版　　次：2024年4月第1版
印　　次：2024年4月第1次印刷
定　　价：80.00元

如发现印装质量问题，影响阅读，请与出版社（020-85716849）联系调换。
售书热线：020-87716172

# 前　言

随着社会的不断发展，体育与教育的结合已经不能满足广大青少年成长的需求，体育与教育深入融合已是大势所趋。为促进体教结合向体教融合的顺利转变，国家出台相关政策以提供明确的方向。2020 年 4 月，习近平总书记主持召开中央全面深化改革委员会第十三次会议，审议通过了《关于深化体教融合 促进青少年健康发展的意见》(以下简称《意见》)。《意见》的印发对进一步发展青少年体育事业与学校体育工作、促进体育和教育的融合发展具有重要意义。《意见》同时对体育后备人才培养提出了更高的要求，即培养兼备高文化素质和运动技能素质的复合型人才，这为我国培养优秀体育后备人才提供了方向，因而对我国体育事业的繁荣发展具有重要的里程碑意义。

当今世界，体育的竞争尤其是竞技体育的竞争，本质上是人才的竞争，不断培养与输送优秀的竞技体育后备人才是竞技体育可持续发展的基础和关键，同时也是推动体育强国建设的重要途径。乒乓球作为我国的国球，是我国竞技体育中典型的优势竞技项目，雄踞世界乒坛多年，在我国拥有较为广泛的群众基础。新时期，要进一步巩固中国乒乓球的世界领先地位，继续保持国球优势，促进国球的进一步发展，因此必须将乒乓球后备人才培养重视起来，树立科学培养理念，构建与完善体教融合的培养模式，最终培养一支高素质的、全面发展的优秀后备人才队伍。体育和教育的融合顺应了时代发展的要求，使竞技乒乓球和学校教育互促互进，既为竞技乒乓球的发展提供了人才资源，促进了乒乓球事业的可持续发展，同时也为学校体育和学校教育注入新的活力，促进学生健康成长与全面发展。在体教融合理念不断成熟的今天，作者在查阅大量相关著作文献的基础上，精心撰写了本书。

本书共七章，第一章阐释体教融合理念，以了解体教融合的内涵及其与体育后备人才培养的关系。第二章分析乒乓球后备人才培养的理论与改革发展，构建乒乓球后备人才培养的多元理论体系，并基于我国乒乓球后备人才培养现状提出改革发展的思路。第三章点明主题，深入研究我国乒乓球后备人才体教融合培养模式的构建与运行，结合体教融合提出改善我国乒乓球后备人才培养现状的策略。第四章至第六章分别对体教融合视域下我国乒乓球后备人才文化素质、身心素质、核心技能素质的培养进行研究，充分发挥体教融合的优势与作用，全面培养与提升我国乒乓球后备人才的综合素质。第七章对体教融合视域下乒乓球后备人才培养的科学管理展开深入研究，具体包括乒乓球后备人才文化教育管理、训练管理、培养质量管理以及培养管理的绩效评价，通过开展全方位的管理工作，切实提高我国乒乓球后备人才培养效率与质量。

总体上，本书具有以下几个特点。

首先，本书具有系统性。本书首先阐释体教融合的内涵，分析乒乓球后备人才培养理论与现状。其次深入研究乒乓球后备人才的体教融合培养模式。最后对乒乓球后备人才各项素质的培养与管理展开研究。整体脉络清晰，结构完整，内容丰富，系统性较强。

其次，本书具有时代性。新时代赋予中国乒乓球新的任务与使命，在新时代背景下围绕体育强国建设和培养全面型人才的需要，深入思考乒乓球后备人才培养的新模式。乒乓球后备人才的培养是影响我国乒乓球事业可持续发展的重要问题之一，也是乒乓球事业发展中的重难点，本书围绕这一问题展开研究，具有重要的时代意义。

最后，本书具有创新性。体教融合要求体育与教育相互渗透，深入融合，既要在体育层面培养乒乓球后备人才的技能素养，又要在教育层面培养乒乓球后备人才的文化素养。但以往很多研究都忽视了乒乓球后备人才的文化教育与文化素质培养，本书突破这一局限，严格践行体教融合理念，实施体教融合培养模式，专门探讨了乒乓球后备人才文化素质的科学培养，这是本书的一个亮点。此外，要想提高乒乓球后备人才培养质量，必然离不开对整个培养过程的管理，将全过程管理理念融入乒乓球后备人才培养中，对提高培养质量具有重要意义。本书最后关于乒乓球后备人才培养管理的研究充分体现了这一点，也是本书的创新之一。

总之，本书在体教融合视域下重点对我国乒乓球后备人才的科学培养展开研究，既有科学理论研究，又有各项素质培养的实践方法，具有重要的理论意义与现实意义。期望本书能够为进一步完善体教融合理论、提高我国乒乓球后备人才培养质量、促进青少年乒乓球后备人才全面发展做出贡献。

在本书的撰写过程中，作者不仅参阅、引用了很多国内外相关文献资料，而且得到了同事亲朋的鼎力相助，在此表示衷心的感谢。由于作者水平有限，书中难免有疏漏之处，恳请同行、专家及读者批评指正。

作 者

2023 年 4 月

# 目 录

# 第一章　体教融合理念的科学阐释

体教融合是我国培养竞技体育后备人才践行的科学理念。随着体教融合理念的不断完善和社会的快速发展，学术界关于体教融合的表达方式越来越多，不局限于竞技体育领域，但目前体育后备人才的培养与发展依然是体教融合理念研究的主题与焦点。树立体教融合的体育人才培养理念，要对体育与教育的规律、原则等予以遵循与贯彻，对青少年后备人才的自主选择权予以尊重与强调，关注青少年后备人才的文化教育和科学训练，将促进青少年的全面发展确立为人才培养的首要任务，促进体育后备人才培养的可持续发展。本章主要阐释体教融合理念，主要内容包括体教融合的内涵与意义、体教结合向体教融合的转变、体教融合对培养体育后备人才的重要性以及体教融合视域下体育后备人才培养的发展。

## 第一节　体教融合的内涵

### 一、体教融合的阐释

体教融合指的是体育与教育的融合，具体是指学校文化教育、体育教育与学校竞技体育人才培养的融合。这是我国培养优秀体育人才的重要指导思想与模式，在该模式下，竞技体育属于一种教育手段，以全面培养学生的健康体质和竞技能力为主，同时培养竞技体育人才又离不开教育这一载体。教育是人才培养的土壤，如果忽视教育，那么不可能培养出全面发展的体育人才。①

将体育与教育简单相加并不是真正意义上的体教融合，从二元论出发将体育的价值取向与教育的价值取向叠加在一起也不能算作是体教融合。体教融合是体育与教育高层次、全方位的融合形式，将二者有机融合，需要从根本上做出多方面的改变，主要涉及教育思想、教育制度、教育价值观、教育功能观等方面。体教融合理念所追求的最高目标是人的全面发展。

体教融合的形成意味着要从根本上变革传统体育人才培养体系，包括对教育体系的变革。通过进行本质上的变革，使青少年体育后备人才既能接受学校文化教育，又能参加专业运动训练，还能获得有助于个人发展的社会机会。促进青少年体育后备人才（学生运动员）的全面发展是体教融合中"融合"二字的核心价值。要使青少年体育后备人才真正获得全面发展，就要将体教融合中的阻碍或体育系统与教育系统之间的隔阂最大限度地予以消除，要预防体教分离，也要避免表面形式的体教结合，否则青少年体育后备人才就会被挡在教育大门之外，无法顺利学习学校文化知识，影响其文化水平的提升和全面发展，也影响其升学与社会化发展。

树立体教融合的理念，必须对传统的教育体系和体育后备人才培养服务体系予以改革，加快学校教育系统的重建，对体育系统与教育系统的资源进行优化配置，加强资源的重组与融合，对传统教学策略进行改进，满足青少年体育后备人才的文化学习需要和运动训练需要。

## 二、体教融合的特征

体教融合的特征主要体现在体教融合下体育后备人才的培养体系中，具体体现在培养目标、培养主体和培养过程中。这几个方面的特征也是体教融合与体教结合相比所具有的独特性或优势。下面具体分析体教融合的三个主要特征（图 1-1）。

### （一）培养目标的长远性

体教融合理念下，体育后备人才培养工作被纳入教育体系中，竞技

① 高建玲．我国普通高校推进"体教融合"的路径解析[J]．当代体育科技，2020，10(36)：138-140.

体育人才的培养重任由教育系统承担，教育系统培养竞技体育人才的长远目标是为国家输送优秀的全面型运动员人才，短期目标是增强学生体质、促进学校文化建设、为学校争得荣誉。短期目标是为长远目标服务的。以往学校只重视短期目标，选拔有天赋的运动苗子组建运动队，强调学生多训练，尽快提高运动成绩，或特招运动员，提高学校运动队的实力，为学校争光，从而忽视了学生的文化学习，表现出急功近利的一面，导致体育后备人才培养无法实现可持续发展的目标。

### （二）培养主体的唯一性

传统的体教结合培养理念包含教育系统和体育系统两个培养主体，两个主体虽然都是为培养人才服务，但毕竟属于不同的系统，双方之间存在一些利益矛盾，这对体育后备人才培养的顺利进行及竞技体育的发展造成了严重的阻碍。体教融合模式中只有一个培养主体，那就是教育子系统，该模式倡导在教育体系中融入体育后备人才培养计划，教育系统吸收体育系统的优势资源用于培养人才，教育系统要将自身的主观能动性和育人价值充分发挥出来。体育部门作为辅助系统，为教育部门提供资源，在后备人才选拔、培养和教练员培训等方面出谋划策，提供指导，这样可以使两个系统权力与责任分明，减少利益冲突，防止出现传统培养模式运作中存在的互相推卸责任和利益冲突的现象。

### （三）培养过程的科学性

在教育系统中培养体育后备人才，在教育部门中融入体育资源，特别是融入优秀的教练员人力资源和科研资源，能够有效加速青少年体育后备人才的培养进程，提高培养过程的科学性与最终培养效果。教练员的专业水平和其他相关人力资源的配套程度直接影响青少年体育后备人才运动训练的科学水平。如果没有优秀的教练员在青少年体育后备人才的基础训练阶段为其提供科学指导，也没有高水平的教练员实施有效的训练方法，那么将会严重制约青少年运动员基础水平的提升。将高水平教练员融入教育系统来指导人才培养工作，能够使培养过程更加科学有效。

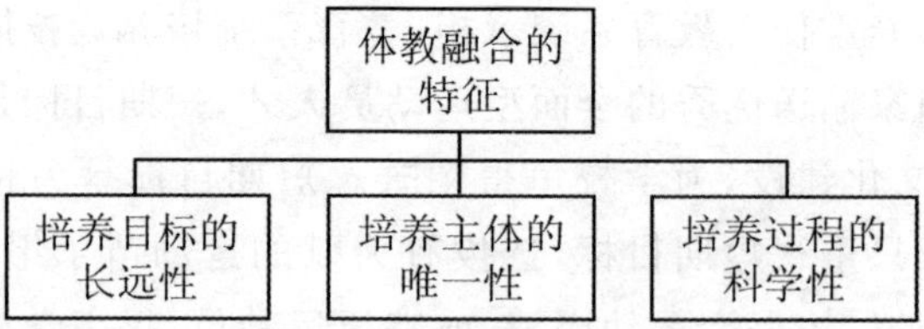


图 1-1 体教融合的特征

# 第二节 体教融合的意义

## 一、实施素质教育的科学途径

中国教育将“立德树人”作为根本任务，将“健康第一”作为根本理念，贯彻这一根本理念，完成这一根本任务，都离不开素质教育，而体育在普及素质教育及推动素质教育发展方面发挥着非常重要的作用，具体表现为培养学生乐学的态度，提升学生的体质健康水平，锻炼学生的意志品质，促进学生健康人格的形成。但目前来看，我国一些学生缺乏运动兴趣，身心健康状况不乐观，缺乏良好的体育道德素养，良好的体育锻炼习惯尚未形成，终身体育意识淡薄。为此，学校体育改革迫在眉睫，这就要求树立“体教融合”的理念，推进学校体育教育体系的改革与完善，促进学校体育教育水平的提升，使体育在培养学生综合素质及推进学生全面发展方面的重要价值充分发挥出来。

## 二、培养体育人才的重要路径

我国在培养竞技体育运动员方面建立了一套专门的体制与制度，并在实践运行中取得了一定的成果，这是中国体育能够在世界体坛占据一定位置的重要原因之一。虽然我国有大量优秀的竞技运动员，我国在世界各大竞技体育比赛中取得了无数的好成绩，但我国尚未发展成为名副其实的“体育强国”。我国从“体育大国”迈向“体育强国”的道路之所以充满坎坷，主要原因有我国体育事业市场化水平低；篮球、足球等重要竞技体育项目的竞技成绩不理想；缺乏竞技体育后备人才，人才断层严重，培养效率和质量都不高等。在这一背景下，树立“体教融合”的体育人才培养理念，以拓展我国对竞技体育后备人才进行选拔与培养的范围，扩大体育人口规模，解决竞技体育后备人才培养后劲不足及优秀运动员断层的问题。此外，“体教融合”理念强调在竞技体育人才的培养中不能忽视文化教育，要维护所有学生的受教育权，使学生在文化教育和运动训练的过程中全面提升思想道德素养、文化知识素养、运动能力素养以及创新素养，这有助于为国家培养全面型体育人才，这也是现代社会发展及竞技体育发展的基本要求。

## 第三节 体教结合向体教融合的转变

### 一、体教结合的形成

20 世纪 80 年代，体育与教育系统处于分割态势，体教分离对体育人才的培养造成了阻碍，使青少年运动员难以全面发展，这也影响了我国竞技体育的发展。对此，迫切需要扭转体教分离的局面，改进体育后备人才培养模式，将体育系统与教育系统有机结合起来，整合两大系统的力量，共同推进体育后备人才培养。我国教育部门与体育部门鼓励有条件的院校建设高水平运动队，尝试推进高水平运动队的学校化过渡，一边抓教育，一边抓训练，二者有机结合，形成体教结合的人才培养模式。

20 世纪 80 年代末，分管体育的领导层提出，要将教育与竞技体育两个体系的关系处理好，对二者相结合的问题予以妥善解决。1990 年，国务院批准下发《学校体育工作条例》，其中指出：“学校体育工作在教育行政部门领导下，由学校组织实施，并接受体育行政部门的指导。”对学校体育发展具有重要促进意义的“体教结合”模式因此而确立。

为进一步践行体教结合理念，实施体教结合模式，有条件的高校积极建立高水平运动队，国家给予高度扶持，有良好体育传统的中小学积极成立课余运动训练队，储备后备人才。在有关部门的鼓励与支持下，各级学校在青少年运动员培养方面越来越具有积极性。

进入21世纪后，一些省、市在普通中学尝试建立二线运动队，进一步推进了体教结合的发展。上海市在中小学积极开展体教结合工作，促使体育系统与教育系统共同推进青少年运动员文化教育与运动训练的人才培养网络逐渐形成。体教结合的实施提高了我国体育后备人才的培养效果，我国青少年运动员在世界大赛上的良好表现足以说明体教结合的人才培养模式具有极大的优势和价值，该模式为我国体育后备人才培养的可持续发展开辟了一条新的道路。

## 二、体教结合向体教融合转变的原因

体教结合形成之后，在竞技体育后备人才培养方面做出了巨大的贡献，我国采取这一模式培养了大量优秀的青少年运动员，为国家输送了优秀的运动员人才，因此体教结合是值得肯定的。但随着竞技体育的不断发展和体育后备人才培养过程的复杂化，体教结合自身的不足也逐渐凸显。具体表现为，体育资源基本都被体育系统垄断，教育系统的教育观念传统、狭隘，二者之间存在利益冲突，影响了体教结合的运行。系统学理论中结构与功能的关系是二者相互决定，功能决定结构，也由结构决定。体教结合是一个包含诸多结构要素的复杂系统，复杂的结构决定了体教结合的功能无法充分发挥，从而造成了体教结合实践中的各种矛盾与问题。在竞技体育后备人才培养中，要想使教育系统的功能得到充分发挥，就必须对体教结合的原有结构进行调整，将体育系统与教育系统的体制障碍、行政壁垒打破，真正在教育系统中进行竞技体育后备人才培养，这是科学发展观的要求，也是我国体育事业可持续发展的要求。经过对原有结构的调整与优化，体教融合的新模式应运而生。

近年来，我国深入贯彻科学发展观，深化改革竞技体育管理体制，体育部门与教育部门在培养全面型人才、构建和谐社会以及推动竞技体育可持续发展等现实需求的呼唤中逐渐走向融合。由教育系统承担培养体育后备人才的责任，能够为我国竞技体育的发展打好根基，为我国建设体育强国打好基础。体教融合在体教结合的基础上逐渐形成，其内涵更丰富、层次更深，而且也有更为广阔的外延。

“体教融合”是“体教结合”的升华，弥补了“体教结合”中以体育部门为主导、忽视教育部门的作用以及体育部门和教育部门在体育人才培养方面职能不明晰的弊端，对体育部门、教育部门给予同等程度的重视，使两个部门在培养体育人才的过程中消除壁垒，统一思想和目标，明确各自职责，并相互沟通，共同设计体育人才培养方案，以推进学校教育与竞技体育人才培养的深度融合，全面提高学生的综合素质，培养优秀的体育人才，并促进学校体育的健康与可持续发展。

## 三、体教结合向体教融合转变的意义

当前，我国要提高竞技体育后备人才培养质量，促进竞技体育可持续发展战略目标的实现，就必须从行动上落实由体教结合向体教融合的转变。这一转变意义非凡，具体表现在以下几方面。

第一，以往体育系统或教育系统有时将体教结合作为一项具体工作来对待，这种工作理念与思维模式是不可取的，体教融合突破了这一思维限制，旨在源源不断地为培养全面发展的人才和推动体育事业发展提供丰富的资源与巨大的动力。

第二，随着社会的不断发展，竞技体育的发展方式也在不断改革与更新，要增加竞技体育的可持续发展后劲，就要不断培养与输送人才，而现代社会要求培养全面发展的优秀人才，所以要探索人才培养的科学路径。体教融合正是适应社会发展需求和竞技体育发展趋势的一条重要路径。采取这一路径，旨在从教育系统中培养出优秀的体育运动员，让世界体育冠军来源于教育系统，出自校园。

第三，新时期我国不断推动学校体育的深化改革，全面加强青少年体育工作，积极为我国家培养优秀体育人才。为顺应新形势下体育事业发展的趋势，必须树立体教融合的理念，弥补体教结合的不足，推动体育系统与教育系统在资源、政策等方面的融合，促进体育事业与教育事业的协同发展，这也是“教育为了每一个学生的终身发展”这一核心理念的充分体现。

第四，当前要从根本上转变青少年体育发展方式，就必须加快体育与教育的相互融合，使两个系统各自发挥自身优势，有效解决棘手的问题，共享优势资源，有效提高体育后备人才的培养质量，促进青少年健康成长与全面发展。

第五，通过体教融合可以对体育特长生所面临的文化学习与运动训练、现在与未来的矛盾加以解决，体教融合能够为体育特长生开辟一条光明的、可行的出路。

总之，我国选拔与培养竞技体育后备人才，必须贯彻科学发展观，实施体教融合，建立与新时代发展需求相适应的竞技体育人才选拔与培养体系。未来我国培养竞技体育后备人才的总趋势是政府与社会相结合、体教融合，如图 1-2 所示，体育系统、教育系统与社会系统有机结合，横向上是合作和竞争的关系，纵向上层层连接。

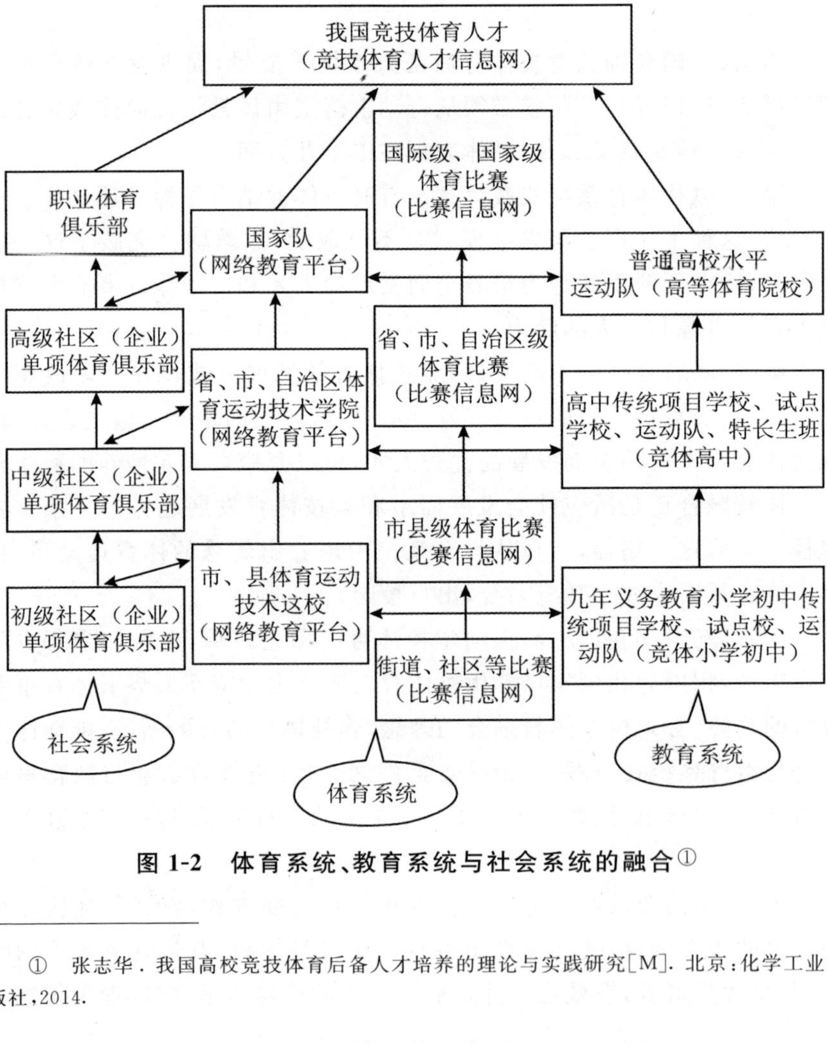


**图 1-2　体育系统、教育系统与社会系统的融合**[①]

① 张志华．我国高校竞技体育后备人才培养的理论与实践研究[M]．北京：化学工业出版社，2014．

# 第四节 体教融合对培养体育后备人才的重要性

我国竞技体育的发展离不开体教融合，将体教融合落实在竞技体育后备人才培养实践中，要加强体育与教育的深层融合、多元融合，推动体育与教育的协同发展，共同培养优秀的体育后备人才，早日实现体育强国战略目标。具体而言，体教融合对培养体育后备人才的重要性体现在以下三个方面。

## 一、有利于促进体育后备人才的全面发展

要培养优秀的体育后备人才，必须突破单一的培养模式，注重培养对象的全面发展。通过体育与教育的融合，能够促进人才培养中课外活动的丰富、体育活动的多元化、训练模式的创新，最终促进青少年健康水平和运动水平的提升。树立体教融合理念，要将青少年学生运动员与普通学生的差异淡化，使青少年运动员也能像非运动员一样正常学习，提高其文化知识水平和人文素养，这样能够使青少年未来发展之路更广阔。

## 二、有利于确立体育后备人才培养的相关制度与政策

体教融合强调同时发展体育事业与教育事业，对二者之间的关系予以强化，将二者之间的矛盾消除，积极建设体育后备人才培养的管理体系，为体育部门和教育部门制定相关政策与出台相关规定提供思路与依据，并形成合力，共同推动新政策与制度的推行与落实。

加强体教融合，还要对教育与体育两大部门的职能予以优化与完善，共同建立人才培养的监管机制，构建人才培养质量的评价体系，优化人才培养过程与提升人才培养效果，使相关制度与政策的优势与功能得以彰显和充分发挥。

### 三、有利于提高体育后备人才培养的科学性

面向青少年的任何教育都要从青少年的身心特点出发来开展具体教育工作，这也是遵循教育规律的体现。从青少年身心发展的特征与规律出发提升其文化水平和运动能力，需要走体教融合之路，在体教融合理念下，学校不断优化师资队伍，提升师资力量水平，使青少年运动员的培养更科学、全面，更有实效性，最终促进青少年运动员综合素质的提升。

## 第五节　体教融合视域下体育后备人才培养的发展

当前，在竞技体育可持续发展战略的实施中，立足竞技体育发展的要求，进一步深化体教融合，对推动体育后备人才培养的发展具有重要的现实意义。在体教融合视域下进行体育后备人才培养，要想提高人才培养质量，实现可持续发展，应从以下几方面努力。

### 一、全方位深入贯彻体教融合理念

全方位贯彻体教融合理念，要积极促进目标融合、资源融合和措施融合（图 1-3），下面做简要分析。

#### （一）目标融合

体教融合的宗旨是促进青少年健康与全面发展，培养全面发展的体育后备人才。体育系统与教育系统应围绕这一宗旨，统一明确培养目标，使体育后备人才培养有明确的方向，并在目标引领下实现体育与教育的全领域融合、全阶段融合以及全方位融合。在目标融合中，要重点推动学校体育后备人才培养机制的健全与完善，对“以体育人”的功能和

价值进行深入挖掘，并加强学校与社会之间的互动与合作，使在教育系统中对青少年体育后备人才的培养获得社会各界的关注、支持和参与。

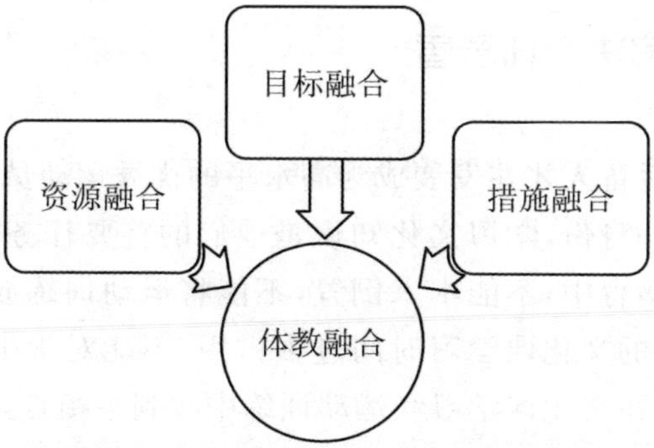


**图 1-3 体教融合的全面贯彻**

### （二）资源融合

体育与教育的融合还要落实在资源融合中，整合有关部门的优势资源，并合力开发能够促进青少年运动员发展和竞技体育可持续发展的体育资源与教育资源，优化配置各类资源，促进资源共享，为体育后备人才的体教融合培养提供良好的资源条件，创设人才培养的优良物质环境，从基础上保障体教融合的高效运行和青少年体育后备人才培养的顺利开展。

### （三）措施融合

体教融合理念最终都要在一个个具体的措施中贯彻落实，因此全方位深入贯彻体教融合理念，还必须加强措施融合。在体育系统与教育系统的措施融合中，要对学校体育的基础地位加以巩固，促进体校培养效能的提升，完善体教融合的组织体系与人才培养机制，在具体的可行性措施中开展各项可操作的具体工作，充分发挥普通学校、体校、俱乐部及社会组织在体育后备人才培养中的积极作用。

首先，进一步推进学校体育对体育后备人才的培养。

其次，深化体校与教育部门的合作，从文化知识、运动训练、道德培养等方面提升青少年后备人才的综合素养。

最后，深化体教融合改革，建立青少年体育俱乐部、培训机构，建立校企合作机制，为学生提供健康管理、技能培训等服务，推进体育、文化、教育等互融互通。[①]

## 二、重点解决学训矛盾

学校体育后备人才在发展成为高水平的优秀运动员之前，“学生”依然是他们的第一身份，学习文化知识是他们的首要任务。因此，学校在体育后备人才培育中，不能本末倒置，不能将运动训练放在文化课学习前，不能对学生的文化课学习时间过多占用，不能对学生的文化学习进度过分干扰，要在文化课学习和运动训练中找到平衡点，科学、合理地制订学习和训练计划，将学生文化学习与运动训练的关系处理好。

具体而言，解决学校体育后备人才学习与训练的矛盾需要从以下几个方面着手。

### （一）文化课学习方面

学校应将体育特长班的学生分配到普通班级一起学习。文化课教师多关注这部分学生，培养学生学习文化知识的兴趣与积极性。如果这些学生要参加比赛，文化课老师布置的课后作业可适当减少，使学生有训练和休息的时间。在座位安排方面，注意学生之间的相帮相辅，帮助提高体育特长生的文化课成绩。

### （二）训练方面

从不同项目后备人才的个性特点出发而因材施训。不要一味采用传统单一的训练方式，应对训练方法和模式加以改革创新，将互联网等现代资源充分利用起来，将国内外成功的训练模式引入运动训练中，结合后备人才的特点、学校现有条件来实施这些模式，设计有特色和科学有效的训练方法，有目的地选用训练方法，促进运动训练质量的提升。

① 龚佳雨，何阳．体教融合视域下我国竞技体育后备人才培养的困境与路径[J]．青少年体育，2022，116(12)：62-64．

### （三）学校政策方面

学校有关部门要重视科学培养体育后备人才，教育部门针对体育后备人才的升学制定相应的优惠政策，为后备人才的文化学习和训练提供良好的环境，激励学生努力学习和训练，使学习和训练两者兼得，这样也能减少家长的担忧，使学校组织的运动训练活动获得家长的支持。

## 三、建设学校体育后备人才培养基地

### （一）提高重视，制订长远发展规划

学校体育后备人才培养基地的建设要始终遵循国家和地方的相关政策，顺应国家的要求要，因此，这就要求相关部门高度重视体育运动的发展，领导的重视程度会对体育后备人才培养基地建设的效率及质量产生直接影响。

### （二）逐渐完善教育体制，保证人才输送率

建设学校体育后备人才培养基地主要是为了进行高水平体育人才的培养和输送，基地人才输送情况对于后备人才、家长、学校来说都是非常重要的。为了促进高水平后备人才培养基地的可持续发展，学校要应对的首要问题就是对训练与教育体制的改进和完善，拓宽运动员的出路。

针对竞技体育加大宣传的范围和力度，将后备人才的训练目的明确下来，培养并强化后备人才参与专项训练的兴趣和自觉性，与家长联合起来支持后备人才的专项训练，进一步提升后备人才向高水平运动队输送的效率。

### （三）优化教学方式和教学内容

在学校体育后备人才培养基地建设中也要注意文化课的开展，教学方式上要更加完善，选择的教学内容要简而精，并且能够满足青少年学习需求，要将后备人才的文化理论学习与专项训练的关系处理好，使两者相互促进，共同进步。

### (四)提升教练员的综合能力,保证教学训练质量

教练员的综合素养和专业能力,对体育后备人才的培养会产生直接的影响。一般来说,年轻的教练员是基地未来发展的宝贵财富,他们普遍具有学历较高、可塑性大、有积极上进的态度等显著优点。同时,他们也有一定的不足之处,比如,执教的时间比较短,训练实践能力方面有一定的不足等。鉴于此,基地应该采取相关措施,有效解决这些问题。比如,可以定期开展体育交流活动,增进教练员之间的交流和学习,也可以根据实际情况,聘请训练专家以讲座的方式对教练员进行培训,使经验丰富的教练员积极带动年轻教练员学习进步,再加上对教练员业务培训的广泛开展,使教练员的专业素养和专项能力得到全面提升。除此之外,教练员的科研能力也至关重要,需要加强培养。

## 四、完善体育后备人才市场的社会保障体系

### (一)我国体育后备人才市场中社会保障的困境

1. 社会保障理念缺失

体育后备人才的社会保障工作由政府主导,目标明确、统一。但随着市场经济及竞技体育的不断发展,从某种程度上讲社会保障的价值理念是缺失的。政府在社会保障相关工作的开展与管理中,虽然公平公正,但是由政府配置资源增加了投入成本,也影响了最终效率,而且增加了政府部门的财政与工作负担。

2. 社会保障监督不力

在我国,由政府全权负责对竞技运动员的社会保障,保障经费主要来自财政部门。但是有限的保障经费和不断增加的保障需求构成了一对尖锐的矛盾,很多后备人才的发展需求得不到满足。而且,我国对体育后备人才提供的保障缺乏有效的监督,因此一些不规范的保障工作没有及时调整,相关部门也没有明确的职责划分,资源利用率低,最终影响

了社会保障的效果。

3. 社会保障制度滞后

虽然我国出台了一些与体育后备人才社会保障相关的政策，明确了社会保障的内容，为开展相关工作提供了法律支持，但是很多政策尚未上升到法律制度的层面，大都以地方规章、行政规定（通知、条例等）等形式呈现出来，权威性不强，影响了执行力度。

4. 社会保障教育缺位

面向我国体育后备人才的社会保障应该是全面的，应该包含教育保障，但目前我国后备人才的文化教育得不到保障，导致运动员文化水平低，缺乏良好的社会适应能力，退役后面临激烈的竞争压力而无法顺利就业，影响一生。

### （二）完善体育后备人才市场社会保障体系的策略

1. 重塑社会保障科学理念

马克思认为，竞技体育作为人类的一种特殊的社会实践，从根本上说，是通过人和为了人而真正占有人的本质的过程。如果忽视运动员的权益，将视线以“工具理性”的方式聚焦在唯成功、唯金牌论，以锦标主义为核心的目标凌驾于个体的发展之上时，就会丧失竞技体育的高尚。因此，必须从“以人为本”的高度审视后备人才的主体性价值，突破“补偿”的传统观念，建立完整的社会保障体系。

2. 建立社会保障监管机构

设立专门的社会保障部门，各部门协同配合，提高工作效率，保障后备人才的合法权利，对其受保障情况进行监督。成立退役运动员就业指导部门，分析和规划运动员未来发展出路，请专门人员对其进行职业技能培训，推荐运动员进入高校深造。①

① 董川，陈玲．我国运动员社会保障的机遇、挑战与对策[J]．牡丹江师范学院学报（自然科学版），2020(2)：66-69.

### 3. 健全社会保障法律体系

建立健全社会保障体系离不开法律制度的强力支持。针对我国体育后备人才培养的现状而完善医疗保险、意外伤害保险等保险制度，并着眼未来而完善就业安置法律，从而使后备人才的权利受到全方位保障，解决后备人才及其家长的后顾之忧。

### 4. 提升后备人才的维权意识和文化素质

在完善体育后备人才市场的社会保障方面，还要培养后备人才的自我维权意识，使其明确自身享有的权利和应有的保障，在自身利益受损时及时向有关部门提出，维护自己的合法权益，保护自己的利益。此外，还要为后备人才的文化教育提供保障，将文化教育和职业培训结合起来，提升后备人才的文化素质和职业技能，从而为未来发展做好准备。

## 五、加强体育后备人才职业培训

国外很多国家尤其是发达国家在国家层面的职业培训体系中纳入了运动员职业培训的内容，政府对此给予了高度重视。概括而言，发达国家青少年运动员职业培训的特点如下。

第一，遵循市场规律。发达国家根据社会需求制订青少年运动员职业培训计划，并根据市场需求的变化而调整计划。

第二，注重法律保障。发达国家在青少年运动员职业培训方面有较为完善的法律体系，对职业培训进行法律约束和规范。同时，在青少年运动员职业培训课程的设置及课程内容、培训方法、培训师资等方面都有相应的规定或标准，而且还有专门的部门监督培训机构对这些法律法规的落实情况。

第三，注重实践培养。发达国家注重培养青少年运动员的实践能力，采取培训机构与社会企业单位相结合的模式进行培养。培训对象在培训机构接受一段时间的培训后，进入企业实习，在实践中锻炼自己，提高自身的社会适应能力、实践操作能力。进入企业实习的人对市场需求会有更多的了解，从而会根据现实需要而有重点地学习知识和技能。

第四，重视个性化培养。发达国家注重培养青少年运动员的个性。

培训机构会先评估培训对象的求职兴趣和方向，根据其实际情况而进行个性化的职业规划，设置相应的培训课程，采取针对性的培训方式而使培训对象的职业需求、个性化需求得到满足。

发达国家关于青少年运动员职业培训的成功经验对我国具有重要的启示和借鉴意义，我国应从以下几方面予以借鉴。

(1)构建青少年运动员职业培训模式，该模式包括政府、社会培训机构和青少年运动员三个主体，政府应发挥牵头作用。

(2)为青少年运动员制订针对性、个性化的职业生涯规划，根据运动员的实际情况设置培训课程，精选培训内容，坚持职业培训与择业教育的结合、培训形式与就业方式的结合、运动员文化基础和择业意向的结合、理论知识与岗位实践的结合。

(3)对运动员进行分层次、分阶段的职业培训，在后备人才培养阶段、进入运动队训练阶段进行不同层次的职业培训，培训内容、培训方法的设计要体现出阶段性和层次性。

## 六、借鉴国外体育后备人才培养的经验

### (一)国外在体教融合视域下培养体育后备人才的经验

1. 美国

美国主要是在教育系统中培养体育人才，下面分析美国教育系统的体育后备人才培养模式。

(1)组织机制

①中学校际体育管理

美国主要是在地方级别管理中学体育，多在教育系统内制定规程、政策。对于州中学体育协会所制定的规章，地方学校无条件承认，并在校内落实。学校董事会是非常重要的教育组织，是经过严格选举而产生的，校区内工作人员经过选举后个别成为董事会成员，董事会的主要职责是确定学区体育项目、制定学校体育发展政策、为学校分配教育资源或体育资源、进行经费预算和分配资金以及招聘体育部门人员。

②大学校际体育管理

美国的体育管理机构中，大学生体育联合会(NCAA)不管是会员数量、规模，还是职能都是非常突出的，具有大而全的特点，在国内的影响力很大。NCAA 不是政府性质的组织机构，而是社会团体，而且是非营利性的。它在对大学体育赛事运行的管理与控制中所采取的手段是宏观约束手段，而不是直接或间接的行政干预手段。

NCAA 的具体工作由执行委员会负责。执行委员会下设三级协会，每级又分三个层次的结构，各级协会和各层次结构对自己级别内和层次内的事务与工作进行管理。这一组织结构内部还设有分会来管理规则、纪律等各项事宜。总体来说，这一组织管理结构的特点是范围广、分工细、职责清晰，集权与分权相结合，既有统一性，又有灵活性。

健全的学校体育组织管理结构促进了美国中学与高校体育的稳定发展。在美国中小学和大学中，在健全组织管理结构下学校体育运动得到了有序发展，学校为国家培养了众多优秀运动员。

(2)激励机制

体育联盟、体育协会以及大学学院是激励的责任主体和管理主体。学校和体育后备人才都是激励对象。因为校际体育组织机构是社会团体，不具有政府属性，所以政府一般不采取实际性的激励政策，而只是进行宏观层面的调控与管理。采取激励政策主要是为了在不同形式的体育赛事中取得理想的成绩和名次，并提高学校体育运动水平和后备人才培养质量。作为学校教育的重要组成部分，体育如果在科研或学术领域取得了好的成果，也可将此作为奖励标准。

在市场经济背景下，NCAA 采取给予入会资格、授予会员特权等方式对学校进行激励，学校主要采取礼品、资助、奖学金等物质手段激励学生运动员，直接发放相应价值的金额。美国在这方面制定了科学全面的激励标准，联盟、协会严格监督激励政策的落实情况，并在实践中不断修正激励标准，完善激励机制。

2. 澳大利亚

澳大利亚建立了垂直的、自上至下的竞技体育管理机构，在培养优秀竞技体育人才方面发挥了重要作用。澳大利亚在运动员培养方面主要采用政府和社会相结合的模式，尤其是各级政府在培养运动员方面采取了弹性政策，充分利用市场机制培养高水平运动员。

下面具体分析澳大利亚体育后备人才的培养模式。

(1)整合机制

从整合机制看，社区俱乐部作为基层体育后备人才培养组织主要是在市场机制下运作的，在基层组织中接受训练的青少年对所从事的专项有强烈的兴趣。对于政府在体育后备人才培养方面所制定的目标，基层组织的认同是自觉且自由的，不会强制其认同。国家宏观管理中层竞技体育后备人才培养组织，围绕竞技运动发展目标、人才培养目标对组织管理机构进行设置、对规章制度加以制定，在市场机制下对组织利益进行协调与整合。

(2)激励机制

基层培养组织在市场机制下按照市场规律运作，政府不干预，运动员完全自费参加基层训练。

中层培养组织中接受训练的运动员参与比赛形式的选拔后，一些优秀选手会得到政府部门发放的奖学金或其他资助，激励其训练，鼓励其不断提高自己。优秀运动员在训练上会获得政府资助，但是上学完全靠自费，运动员的层层选拔与培养都要参与相应考试。

(3)控制机制

澳大利亚的运动员选拔制度具有客观性、公开性、透明性等特征，对选拔过程中的违规行为给予严格控制与打击，保证优秀后备力量可以顺利进入高级别的运动队且获得政府的物质激励或奖励。在市场经济背景下，澳大利亚完全按照市场化模式培养体育后备人才，政府主要发挥宏观调控职能，不会进行干扰，因此体育后备人才培养的组织机构以及培养对象自觉规范自身的行为，自律意识极强。

(4)保障机制

澳大利亚在竞技体育后备人才培养中的体育设施建设主要由国家和地方政府负责。企业或个人赞助以及后备人才自费是人才培养经费的主要来源。基层和中层组织中的运动员自费参加训练，国家出资赞助的是国家队的运动员或竞技水平高的优秀运动员，这些运动员的学习与训练费用主要由政府负责。澳大利亚青少年运动员因长期训练而落下的文化课程会由专人帮助补习。除了文化学习与训练外，人才培养组织机构还会培训青少年的其他技能，并鼓励和帮助青少年运动员进入高校接受高等教育。

## (二)国外体育后备人才培养对我国的启示

国家经济发展模式是根据国情选择的,而国家体育后备人才培养机制的选择主要受到该国经济模式的决定性影响。在市场经济环境下,美国、澳大利亚构建了适合本国国情和经济模式的体育后备人才培养模式,践行了体教融合的理念,并在各自模式的良性运行中培养了大量优秀的后备人才,为国家输送了很多优秀运动员。我国正在不断深化改革市场经济体制,在这一背景下探索符合社会主义初级阶段的体教融合体育后备人才培养策略具有重要意义。国外在体教融合视域下进行体育后备人才培养的成功经验给我国带来的借鉴意义具体表现在以下几方面。

### 1. 确立正确的人才培养目标

在体育教育目标结构内确立体育后备人才培养目标,在人文关怀理念下确立培养目标。美国、澳大利亚的在校青少年学生接受训练,对青少年学生的培养具有业余性,将训练置于教育系统中,在不摆脱教育环境的条件下进行训练,对学生文化课学习的管理也不松懈,对学训关系处理妥当,促进学生全面发展。美国中学与高校开展竞技体育训练,没有提出向上级组织输送体育人才的培养目标,进行训练主要还是为了让学生有更好的运动体验,是为教育目标服务的。但随着体育运动商业化、职业化发展水平的提高,美国的竞技体育后备人才培养机制本身存在的矛盾越来越明显,原因有很多,如美国个性自由、释放自我的文化追求和高度商业化发展形势对其产生了影响,体育培养目标和教育培养目标的差异产生了影响,等等。其中目标差异是最本质的原因。这警示我们在体教融合视域下培养体育后备人才要确立正确的人才培养目标

### 2. 尊重人才的主体性,围绕主体需要完善动力机制

个体需要是青少年参加运动和接受训练的主要动力源泉。青少年喜欢某项运动,对这项运动有较高的兴趣,这是其参与专门训练的主要动力。各级人才培养组织的动力既有满足自身发展的需要,也有国家利益的驱动。但动力主体始终都是个体或组织本身,而且他们既是使动力得以产生的主体,也是利用动力、在动力驱使下开展训练工作或接受训

练的主体。因此我国也要充分尊重青少年体育后备人才的主体性，培养其对体育运动的兴趣，围绕体育后备人才来激发动力，提供动力。

3. 注重物质激励，完善激励机制

在体育后备人才培养中，物质激励是非常行之有效的激励手段。美国通过提供社会资助和发放奖学金来激励获得优异运动成绩的运动员，体育特长生获得这些资金或资助能够解决学费问题。学分奖励这种激励方式在美国是不存在的，美国围绕人才培养目标来选择激励手段，保证激励方向符合人才培养目标，这对我国有非常重要的借鉴意义。

4. 培养组织充分发挥控制作用，实行严格控制

在体育后备人才培养中，培养组织和培养对象都要通过自律来规范自己的行为，同时人才培养组织也要发挥自己的控制职能，对运动员的行为进行规范与控制。制定法律制度是控制的重要保障，因此我们要制定人才选拔制度、竞赛制度、学训制度等相关制度，控制后备人才的学习与训练行为，使其在严格的控制中养成良好的学习与训练习惯，成为优秀的全面发展型体育人才。

5. 完善人才培养的保障机制，重视物质保障

为体育后备人才提供保障要体现公平、公正，并以物质保障为主，高水平运动员是主要保障对象。人才培养中所需的基础设施建设主要由国家负责，培养过程中涉及的经费、保险由政府、社会及个体共同承担。人才培养组织机构在市场化运作中吸收市场闲散资金来解决人才培养的经费问题，为人才培养工作的顺利开展提供基础保障。

# 第二章　乒乓球后备人才培养的理论与改革发展

乒乓球是我国的国球，多年来中国乒乓球长盛不衰，在世界乒坛地位牢固，离不开我国对乒乓球后备人才培养的重视。我国乒乓球后备人才培养经过长期的实践逐渐形成了具有中国特色的培养模式，在科学模式的运作中我国乒乓球后备人才梯队建设水平不断提升，后备人才队伍的结构也日渐合理，为我国竞技乒乓球的发展做出了巨大的贡献。但当前我国乒乓球后备人才培养也存在一些问题，陷入了现实困境中，这就需要及时改革，具体问题具体分析，从实际出发解决问题，以提高我国乒乓球后备人才培养质量，巩固中国乒乓球在国际乒坛的地位。本章主要对乒乓球后备人才培养的理论与改革发展进行研究，在理论方面主要分析乒乓球后备人才的选拔理论、培养理论、训练理论；在改革发展方面首先分析我国乒乓球后备人才培养现状，然后提出我国乒乓球后备人才培养所面临的困境与问题，并分析影响因素，最后提出我国乒乓球后备人才培养改革发展的策略与路径。

## 第一节　乒乓球后备人才的选拔理论

### 一、乒乓球后备人才概述

#### （一）乒乓球后备人才的概念

乒乓球后备人才指的是有一定的乒乓球运动天赋，通过系统的训练后能够对乒乓球运动的发展做出一定贡献的运动员。这种定义基本上和原国家体委所界定的二线、三线运动员相同。其中，二线主要指的是竞技体校、体育运动学校等，另外一些由政府开办或者民办的各类青少年业余体育俱乐部也包含在内；三线主要指体育中学、普通与重点业余体校。一般情况下，我们把二线、三线的青少年乒乓球运动员视为乒乓球运动的后备人才。

### （二）乒乓球后备人才的特点

乒乓球运动后备人才作为体育人才的一种类别，和其他运动项目的体育人才有一定的共性，即不仅有自身的自然属性，同时又有一定的社会属性。除此以外，乒乓球运动后备人才还具有自身独特的特点，具体如下。

#### 1. 人才的潜在性

只有在一定的社会环境条件下，通过一定的乒乓球实践活动才能够发现并培养出乒乓球运动后备人才。对于通常的乒乓球运动人才来说，他们所具备的乒乓球运动方面的专业知识与技能已经获得了社会的普遍认可或者已经处于中高级阶段，而乒乓球后备人才只是乒乓球运动人才成长的初级阶段，一些内在或外在的机制对他们的乒乓球技能与其他乒乓球素养都有较大的影响，并表现出明显的潜在性。

外在机制主要指的是社会认可机制，乒乓球运动后备人才的社会认可受到很多因素的影响，包括用人制度、传统人才观念、社会环境等，这种社会认可具有两重性。也就是说，一些乒乓球运动后备人才可能会被社会（团体）认可，也可能不会被社会（团体）认可，这就导致了很多有较好乒乓球运动天赋的人才一直都得不到展现的机会，从而造成了我国乒乓球人才的损失。

内在机制主要指的是自身的机制。在乒乓球运动后备人才培养的实践活动中，一些后备人才在取得了一定的运动成绩、获得社会认可后，便降低了对自身的要求，在成绩面前失去了自我，从而断送了自己的前途。

2. 人才的时效性

物质形态在一定时期内所发挥出的效用就是所谓的时效性。作为一种特殊的活体物质形态，人类有自身的生命周期，并且在自身生长、发育、成熟与衰老的各个时期都会将各自不同的特点表现出来。相关科学实验表明，25～45岁是人类从事科学研究最好的年龄阶段，这一点在体育科学中也得以证实，乒乓球运动后备人才的培养具有很强的时效性，人的各种身体素质包括力量素质、耐力素质、速度素质等在青少年时期提升得最迅速，如果在这个时期没有把握好各个素质发展的时效性，必然会很大程度上减弱运动训练对人体的效用，甚至会对青少年成才之后的可持续发展造成不利影响。

3. 人才的稀缺性

虽然我国拥有庞大的人力资源，但是由于青少年群体在特定的条件下受到很多不利因素的影响，导致能够被选拔成为乒乓球运动后备人才并得到重点培养的青少年非常稀缺。因此，要对广大有乒乓球运动天赋青少年加以培养。此外，还要严格禁止短期训练行为，如“拔苗助长式”等不科学的训练方式。

## 二、我国乒乓球后备人才选拔的理论

### （一）我国乒乓球后备人才选拔的任务

在竞技乒乓球后备人才培养中，选材是非常重要的一个环节，这一环节需要开展以下几个方面的工作。

1. 获取备选人才现实状态信息

通过调查、测试，对选拔对象的形态、遗传、生理、心理、运动能力等各方面的信息进行记录，并对获得的这些信息进行定量评价和科学分析，最终获得可供选材参考的直观信息。

乒乓球后备人才选拔其实就是在早期诊断乒乓球运动员的起始运

动能力，依据诊断结果对其运动的潜力进行分析与判断。如果选材结果是肯定的，则在早期的运动训练中，要依据选材测试信息来实施训练计划。

乒乓球运动员选材诊断与乒乓球训练过程中的运动竞技能力诊断是不同的。选材诊断主要是通过分析后备人才的现实竞技能力来对其未来的运动能力进行预测。而后者主要是判断已实施的运动训练的效果，根据判断结果来制订与调整后续训练计划。

2. 评价备选人才的现实状态信息

对乒乓球后备人才的现实状态信息进行评价，可采用相对评价、绝对评价等方式。

3. 预测备选人才的竞技潜力

预测后备人才成才的可能性应以选才为基础，科学预测后备人才的竞技潜力的前提是准确判断其现实状态。所以，在乒乓球后备人才选材中，核心是要对客观、有效、可靠的选材指标体系和评价标准进行建立。

总之，乒乓球后备人才选拔的最终任务是选拔、培养和储备一批能够在乒乓球竞赛中取得优异成绩的优秀后备人才，目的是促进乒乓球运动的可持续发展。

需要强调的是，在乒乓球后备人才选拔中，不能忽略教练员在长期实践中积累的丰富选材经验。只有有机结合测试、评价、预测、经验等选材方法，才能促进选材效果和成材率的提高。此外，选材只是为后备人才发展成为优秀的运动员提供了机遇和可能性，而真正要使其成才，还需要以科学系统的训练为保障。

### （二）我国乒乓球后备人才选拔的原则

1. 大小兼顾

在乒乓球后备人才选拔中，要注意先天因素、内在因素和潜在因素，合称“三要素”。从这三个要素出发，能够对运动员的未来发展进行不同

### (一)科学性原则

严格按照科学发展观的要求构建乒乓球后备人才培养体系,开展各个环节的培养工作。以人为本是人才培养的根本出发点与立足点,将此作为乒乓球后备人才培养的指导思想,走可持续发展的培养之路。

乒乓球后备人才的培养是在实践训练中实现的,在训练过程中要提供优良的训练环境与条件,改革落后训练方式,使训练向科学方向发展,从而培养出符合社会需求以及能够为我国乒乓球事业做出贡献的优秀人才。

### (二)协同性原则

在乒乓球后备人才培养中还要贯彻协同性原则,首先要将乒乓球后备人才培养体系的各环节与系统有机衔接起来,各系统机构制定统一的培养目标,充分发挥各自功能,努力实现共同目的,并将教育训练系统与体育竞赛系统的关系处理好。

此外,招收体育特长生时,要适当扩大招生范围,学校要鼓励校乒乓球队多参与一些专业竞赛,并多与职业俱乐部合作,使后备人才在不同形式的竞赛中提高实战能力,丰富实战经验。

# 第三节　乒乓球后备人才的训练理论

## 一、训练原理

### (一)叠加代偿原理

通常情况下,一项体育运动的体能动作和技能动作相比,后者更为复杂,技能动作中技术动作和战术动作相比,也是后者复杂度高一些。而且体能、技术、战术是密切联系的,体能是技能的基础,技术又是战术的基础,技能动作的运用是建立在良好体能基础上的,战术配合又是以技术为基础的。如果运动员缺乏良好的体能素质或体能基础较弱,那么很难开展有效的技能训练活动。所以,在乒乓球后备人才训练中,在进行技能训练之前必须做好体能训练,并在乒乓球技能训练的整个过程中不断穿插体能训练,不断储备与提升体能素质,这符合运动训练的规律,又贴合运动技能发展规律。乒乓球后备人才在具备一定体能基础的前提下进行乒乓球技能训练,这是运动训练中叠加效应的体现,在乒乓球技能训练中,后备人才的储备体能又具有代偿意义,意思是后备人才技能水平较低,体能水平高,后者可以短暂性地弥补前者的不足,这就是乒乓球训练的叠加代偿原理。这一原理要求在乒乓球后备人才训练中将体能训练重视起来,使后备人才储备充足的体能,以追求更好的技能训练效果。

乒乓球后备人才当然不可能在短暂的时间内完全完成体能的储备,而且体能训练也要结合乒乓球专项以及与乒乓球技术联系起来才具有实际意义。乒乓球后备人才在技术训练中有时会因为体能储备不够而影响技术质量,这种情况下就要进一步增强体能,为高质量完成技能动作而打好基础。有时虽然储备了足够的体能,但技术训练依然达不到预期的效果,这个落差与乒乓球技术本身不断发展的趋势有关。乒乓球后备人才的体能训练和技能训练相互联系,相辅相成,二者之间应该达到一种动态的协调状态,即要求乒乓球后备人才结合乒乓球专项要求进行体能训练,通过体能训练提升乒乓球专项技能水平。

### (二)体能易衰原理

在乒乓球训练中,丰富多变的技战术具有一定的激励性和趣味性,很多青少年积极参与乒乓球训练就是被技战术的特征所吸引的,激烈而有趣的训练能够满足他们的直接兴趣,虽然不同后备人才因为个人情况及其他相关因素的影响而训练力度不同,但后备人才对技能训练的兴趣总是比对体能训练的兴趣要强烈。相对来说,乒乓球体能训练显得单调枯燥一些,体能训练因本身不够有趣而对后备人才没有很强的吸引力,后备人才参与体能训练的积极性差一些。体能训练不仅不像技能训练那样丰富和有趣,而且训练成果不能持久维持,也就是说体能容易衰退和减弱,而技能形成后衰退速度慢一些。因此乒乓球训练中很多问题都集中在体能训练上，而体能训练出了问题必然会影响技能训练，影响后备人才综合能力的提升，同时从上面分析的叠加代偿原理来看，也会影响对技能不足的暂时性弥补。有关学者将上述对体能训练的这些认识总结为体能易衰原理，这一原理和叠加代偿原理所带来的启示意义相似，都是强调体能训练的基础性与重要性，同时也提醒教练员要设计丰富多彩的体能训练手段，使乒乓球后备人才对体能训练产生直接兴趣，减缓体能训练效果的减退速度，持久保持良好的体能训练效果，为技能训练持续提供良好的体能条件。

### (三)边际效应原理

“边际”指的是事物在时空维度上的界限或边缘，它体现的是数量概念。“效应”指的是心理满足程度，它反映的是心理感情强度。“效应”随“边际”的变化而变化，即心理感情强度随数量的变化而变化，日常生活中我们占有某一事物的数量不断增加，心理对该事物的需求欲望就会相应下降，这反映了一种边际效应递减的现象。

#### 1. 乒乓球训练边际效应的规律

边际效应体现了人的主观感受的变化，具体来说，是个体对某一事物预期的感情强度的变化，人对某一事物有了预期后，越临近预期的效果，这种感情强度越激烈，感情强度随所期待的事件的变化而变化。

边际效应具有以下几个规律和特征。

(1)时间性

边际效应的时间性主要指的是效应的渐渐衰退，可以解释为组织内部的效能随时间的延续及整体的不断磨合而发生衰退性变化。乒乓球后备人才如果长期采用单一的方法进行训练，那么该训练方法所带来的训练效果会越来越不明显，后备人才竞技能力也提高得越来越慢。

(2)空间性

如果以过于统一或习以为常的方式开展乒乓球训练工作，那么乒乓球后备人才竞技能力的提升空间就很小，或者竞技能力的变化小，体现不出弹性化发展的效应，这时如果要取得新的突破，增加弹性空间，就要重新组合竞技能力结构。

（3）组合性

广袤的空间与绵延不绝的时间在组合上有各种各样的可能性。在乒乓球训练中，一般性的训练方法很容易受关注和重视，而最终结果即训练的边际效应却经常被忽视。

2. 提高乒乓球训练边际效应的对策

（1）变化训练环境

在乒乓球训练中，训练场地、训练设施可适当调整与变化，使后备人才对外界环境的适应能力不断提升。环境的变化可以产生很多的刺激源，从而激发后备人才的潜力，使后备人才机体生物环境也发生相应的积极性变化，这有助于提升训练的边际效应。

（2）变化训练方法

一种固定的训练方法对人体的刺激是一定的，长期在同一种方法的刺激下，后备人才的应激能力也会保持一定的水平而没有明显变化，如果继续施加这种刺激，就会降低机体的边际效应，只有不断变化与调整训练方法，使用新的方法进行训练，才能进一步提高后备人才的应激能力，提高乒乓球训练的边际效应。

（3）训练手段的多种组合

以多种多样的方式将不同的训练手段组合起来，不断创造新的组合训练方式，使后备人才在不断的新刺激中提高应激能力，从而提高训练刺激对其体能及技能发展的边际效应。

### （四）超量恢复原理

1. 超量恢复现象

有关学者研究运动训练的超量恢复现象，最先是从动物活动实验着手的。动物活动中不同的活动量给机体带来不同的刺激，在不同的刺激作用下，动物体内肌糖原消耗与恢复的情况也有差异。实验结果表明，在一定刺激下机体能量消耗与恢复的过程如图 2-1 所示。

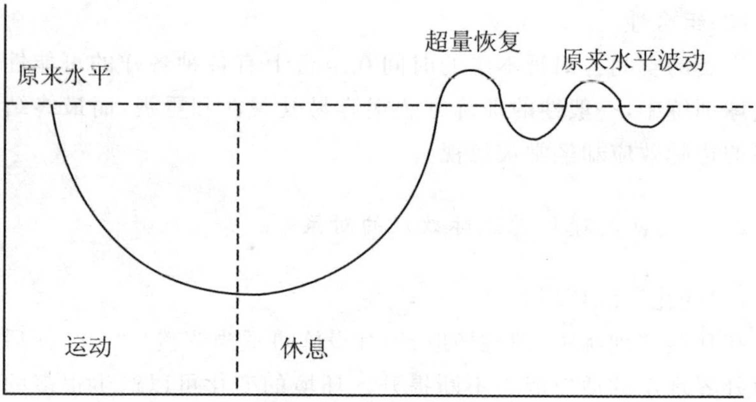


**图 2-1　超量恢复现象**[①]

上图显示了能量消耗与恢复的三个阶段。

阶段一：运动过程中机体能量大量消耗，虽然消耗的同时也在缓慢恢复，但消耗占主导，机体工作能力随能源物质的减少而降低。

阶段二：运动后机体能力消耗速度减慢，恢复占主导，机体工作能力随能源物质的增加而提升到原来水平。

阶段三：在超量恢复阶段，运动中消耗的能源物质不断增加，超过原有水平，机体工作能力也相应超过原来水平。超量恢复现象并不会一直存在，一段时间后这种现象便会消失，机体能源物质和工作能力依然和原有水平保持一致。

我们可以将超量恢复现象的特征总结为，运动过程中运动量和运动强度越大，消耗越多的能源物质，运动后延迟出现超量恢复现象，但程度很明显；运动过程中运动负荷小，消耗较少的能源物质，运动后较早出现超量恢复现象，但程度较弱。

2. 乒乓球训练中的超量恢复原理

(1)超量恢复原理的认识

在简单而直观的超量恢复现象的基础上，有关学者提出了运动训练的超量恢复原理，即物质能量的储备超过原有水平，机体运动能力也超过原有水平。理论上而言，乒乓球后备人才在超量恢复阶段进行训练，

① 骆建．对运动训练中的超量恢复现象与超量恢复原理的审视[J]．中国体育科技，2001(6)：10-12.

能够达到很好的训练效果，身体机能水平和运动能力会得到显著提升。

基于对超量恢复原理的认识，我们从图 2-2 中能够直观地了解训练间歇和人体机能水平及运动能力的关系。

图 2-2(a)：第一次训练结束后，休息较长时间才开始第二次训练，即过了超量恢复期才进行新的训练，这时难以提高人体机能水平和运动能力。

图 2-2(b)：第一次训练结束后，休闲较短时间就开始第二次训练，即还没有进入超量恢复期就开始新的训练，因为机体疲劳没有恢复好，所以训练效果并不理想。

图 2-2(c)：第一次训练结束后，在超量恢复期开始新的训练，大大提高了人体机能水平和运动能力。

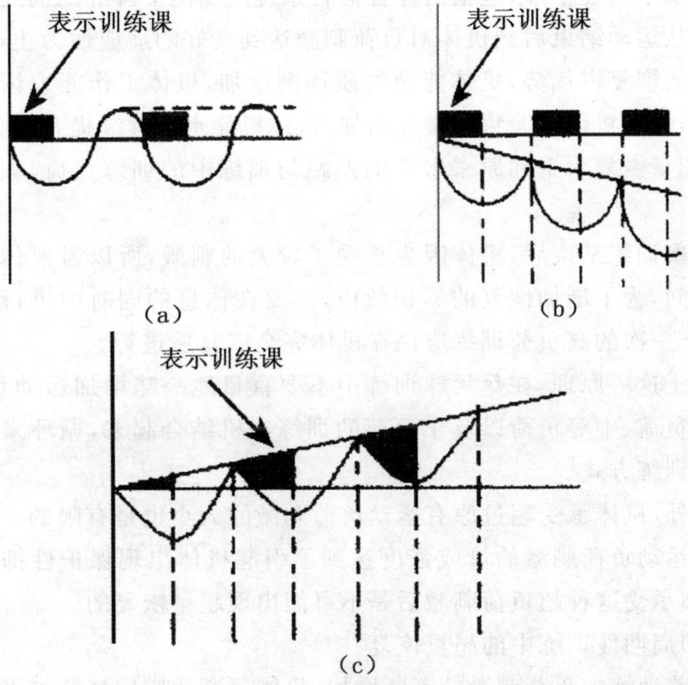


**图 2-2 超量恢复原理**①

运动训练提高后备人才身体机能水平的效果与超量恢复原理有直接的关系。后备人才在训练中进行一定运动负荷的身体活动，随着运动

① 骆建．对运动训练中的超量恢复现象与超量恢复原理的审视[J]．中国体育科技，2001(6)：10-12.

负荷的增加，机体受到的刺激增加，机体适应能力不断提升，这种良好的适应效果不断累积，就提高了后备人才的运动水平。后备人才机体在承受刺激和不断适应刺激的过程中，机体物质消耗与恢复的平衡情况对机体工作水平的提高、运动能力的提升以及运动训练的可持续性具有决定性影响。只有对运动训练过程中机体能源物质消耗与恢复的一般原理有深刻的认识与理解，才能对运动训练的超量恢复现象及特征有准确的把握，并利用超量恢复原理而科学安排乒乓球训练，不断提高训练效果。

(2)机体适应某一负荷的超量恢复

在训练中，运动负荷越大，机体承受的刺激越大，机体能源物质消耗也越多，这种情况下机体很快就会出现疲劳症状，疲劳程度也会增加，机体工作水平明显下降，包括机体各器官系统的功能下降和肌肉运动能力减弱。从运动结束后到机体对负荷刺激达到良好的适应性为止，机体能源物质的恢复占优势，机体能源物质逐渐增加，机体工作能力恢复到原来水平，然后机体能源物质继续增加，机体机能水平继续提升，超过原来水平，超量恢复水平和原来水平的差距与训练中的训练负荷、训练间歇等有关。

一次训练结束后，机体因为承受了较大的刺激，所以需要休息和恢复的时间，为了增加恢复的累积效应，需要在休息的同时中进行调整性练习，下一次的高负荷训练应该在机体完全恢复后进行。

基于这一原理，在乒乓球训练中不要盲目地一味增加运动负荷，而要将大负荷、中等负荷以及小负荷的训练有机结合起来，循环采取不同负荷的训练方式。

另外，机体承受超过原有运动负荷刺激的大小也是有限的。如果机体承受运动负荷刺激的量或强度达到了引起机体出现保护性抑制的程度，机体承受这种超负荷刺激后是不可能出现超量恢复的。

(3)周期性训练中的超量恢复

随着训练中负荷刺激的不断增加，机体逐渐适应后恢复水平也逐渐提升，不断超过原有恢复水平，这种累加效果就是周期性训练过程的超量恢复。

乒乓球后备人才在周期性训练中机体承受运动负荷的特点主要从负荷量和负荷强度的变化中体现出来，负荷量的变化趋势是缓慢递增→缓慢下降；负荷强度的变化趋势是缓慢递增→快速递增直至达到最大值→快速下降。说明在周期性训练中，运动负荷刺激作用于机体的时间变化呈现出由长到短的特征，而负荷刺激的变化呈现出强度由小到大的特征。因此在周期训练中为了保证机体承受负荷刺激后适应能力累积效应的增加，在训练安排上必须遵循加大—适应—再加大—再适应的循环性原则，使机体适应某一负荷刺激并达到超量恢复后再增加负荷强度，进一步提高机体适应能力，出现新的超量恢复，如此反复，促进乒乓球后备人才机体适应能力和机能水平的不断提高。可见，乒乓球后备人才在训练中运动水平的提高是超量恢复效果递增与累加的结果。

## 二、训练方法

要想取得理想的训练效果，必须采取科学合理的训练方法。无论是优秀乒乓球运动员还是处于基础训练阶段的乒乓球后备人才，以下训练手段或方法都可以选择性地运用。

### （一）重复训练法

重复训练法是指重复同一个练习且安排相对较充分间歇时间的训练方法。通过多次重复某一练习，一方面可以刺激训练强度，达到理想的负荷；另一方面可以巩固对单一动作的熟练程度。

采用重复训练法时，要求在高强度状态下完成训练任务，高质量、高标准地完成每次练习。一般来说，重复训练法具有间歇时间相对充足的特点，为了保证磷酸原供能系统的再合成，间歇时间一般为3～5分钟。如果在乒乓球某一训练中，间歇时间过短，有可能发生供能系统转移的情况，不利于训练的顺利进行。

### （二）间歇训练法

间歇训练法是指在训练过程中严格规定次与次、组与组之间的间歇时间，要求机体在不完全恢复状态下反复训练，有助于提高机体抗乳酸能力和持续运动的能力。

间歇训练法最显著的特点是严格限制间歇时间，使机体在不完全恢复状态下再次进入运动状态，使机体代谢产生明显变化。所以说间歇训练法在各种训练方法中总负荷相对较大。在乒乓球运动训练中，一定要依据后备人才的具体实际合理地安排运动负荷和间歇时间，确保机体的有效恢复,这有利于下一步的训练。

### (三)循环训练法

循环训练法是指在训练过程中,练习者按照设置点位的形式,依据一定的路线、顺序逐个完成每站训练任务的一种训练方法。循环训练法在结构上包括每站练习的内容和负荷;站与站之间的顺序、间歇;组与组之间的间歇;站点总数以及循环组数。

循环训练法对整个训练结构要素有较为严格的要求,不仅规定了训练内容、强度、持续时间、间歇时间等,还要求按照给定的顺序依次完成训练任务。此外,循环训练中平均每个站点的负荷相对较小,但总的负荷非常大,对练习者的心肺功能有较高要求。

在乒乓球训练中采用循环训练法,设置多个点位,如上肢力量练习、各种步法练习,通过安排一系列站点与内容,充分满足后备人才的训练需求,这对于提高乒乓球后备人才的训练效果具有重要的意义和作用。

循环训练法可以激励后备人才克服困难、挑战自我、超越自我,由于这种训练方法练习内容丰富,总的负荷要求高,因此可以使后备人才在训练时提高对自己的定位水平。

采用循环训练法还可以预防后备人才在训练中产生枯燥乏味的消极情绪,多样化的训练可以促使后备人才更好地坚持下去,顺利完成训练任务。

### (四)变换训练法

要想提高乒乓球训练的质量和效果,需要在训练时对训练内容、训练形式以及训练负荷等进行变换调整,在调整之后继续训练的方法即为变换训练法。通过变换各种训练法能取得不错的训练效果。

例如,通过变换与调整训练形式,能够激发后备人才的训练兴趣,促进良好训练效应的产生。通过变换与调整训练内容,能够促进后备人才身体素质的全面发展和综合技能的提升。通过改变训练负荷,能够使机体适应不同负荷刺激,促进机体组织系统功能的改善。

为了提高变换训练法的适用性,需要根据训练目的而灵活改变训练因素,除了改变训练形式、训练内容和训练负荷外,还能改变训练时间,如果训练时间与突然的训练任务发生时间冲突时，需要灵活调整训练时间。这一训练法适用于多个项目的训练，包括乒乓球。

变换训练法对吸引乒乓球后备人才积极参与训练具有重要的意义和作用。如果在乒乓球运动训练中不断重复单一的训练内容，采用少数几种训练形式与方法，那么后备人才就很容易厌烦和放弃，这对其发展不利，而如果可以对训练形式、训练内容、训练方法，或者训练器材、时间等进行适度变换与灵活调整，就能有效激发后备人才参与各项训练的兴趣，从而提高训练水平和效果。

变换训练方法的运用过程包括以下几个阶段。

1. 准备阶段

这一阶段合理安排训练量和训练强度，也就是运动负荷，达到热身的目的，为正式训练作好身心准备。

2. 主体部分

在乒乓球运动训练的主体部分，变换运动负荷，负荷较准备阶段大，以达到良好的训练目的。

3. 整理部分

在乒乓球训练的收尾部分，再次调整训练负荷，较主体训练阶段的负荷小一些，通过负荷较小的整理放松活动，缓解身体疲劳，有助于促进体能恢复。

### （五）游戏训练法

游戏训练法是以游戏方式进行训练的方法，有明确的游戏规则，练习者在规则范围内进行主动性和创造性的活动，从而完成游戏任务，达到预期目标。这一训练方法有较强的趣味性，能在一定程度上吸引青少年的注意力，激发其参与训练的兴趣。

游戏训练法是在游戏环境下实施的，游戏环境是不断发展和变化的，乒乓球后备人才在遵守游戏规则的同时需要在不同的环境下灵活应变，将自己的能动性和创造性充分发挥出来。体能训练中可以采用多种多样的游戏内容与形式，不同体能水平、运动水平的后备人才都可以找到适合自己的游戏训练方法，针对不同的训练内容也能灵活设计游戏训练方式，可见游戏训练法的应用非常灵活。

在乒乓球运动训练中设计与选择游戏，要参考训练任务、训练目的、训练对象的特点以及训练内容等诸多因素，要有针对性地设计与选用游戏，提高游戏训练的科学性。

应用游戏训练法，要合理设计能够吸引后备人才和具有高度概括意义的游戏名称，要明确提出游戏规则与要求，而且游戏的实施方法必须简便易行。在游戏中可以根据需要安排一名裁判，裁判员必须公正公平执裁，不能偏袒任何一方。

### （六）竞赛训练法

竞赛训练法指的是通过各种竞赛方式（身体素质竞赛、游戏性竞赛、训练性竞赛、适应性竞赛、测验性竞赛等）组织乒乓球后备人才进行训练的方法。该方法能有效提高后备人才的技能水平。

运用竞赛训练法需注意以下两点。

（1）在恰当的时机组织竞赛，明确竞赛规则。

（2）结合后备人才的具体实际，在竞赛中安排适宜的负荷。

### （七）综合训练法

在乒乓球运动训练中，根据训练目标、任务和需要，把上述各种训练方法组合起来设计训练方案并实施该方案的方法就是综合训练法。

综合训练方法能全面提高乒乓球后备人才的身体素质，增强其乒乓球技能和比赛能力，且不宜过早出现疲劳。需要注意的是，采用的训练方法并非越多越好，要根据训练任务、训练目的、训练内容、训练环境与条件及训练对象的自身条件而选择几种训练方法组合搭配，充分发挥不同方法的优势实现最佳训练效果。①

① 刘丹．青少年乒乓球运动训练纲要与教法指导[M]．北京：人民体育出版社，2011.

## 三、训练模式

### （一）互动训练模式

#### 1. 构建互动模式的意义

乒乓球后备人才正处于运动员职业生涯的起步阶段，这个阶段也是为将来发展成为优秀乒乓球运动员打基础的关键阶段。现阶段，很多乒乓球后备人才对乒乓球训练的理解不够系统、全面和深入，乒乓球认知还不够成熟，这也在一定程度上制约了他们在乒乓球训练中的表现。依据优势理论，青少年有表达自己特长与优势的心理需要，有被别人肯定与赞扬的期望，面对自己喜欢的东西自愿投入时间与精力。处于青少年时期的乒乓球后备人才在乒乓球训练中同样有这些心理需求和心理特征，如果不能满足他们的内心需要，他们就不会投入百分之百的热情与精力来参与乒乓球训练。但乒乓球后备人才的训练内容基本稳定、统一，所以应该主要通过转变训练模式来激发青少年的积极主动性。鉴于此，构建互动模式并将其运用到乒乓球后备人才的训练中具有重要意义，具体表现在以下几个方面。

(1)改变单向训练模式

教练员按计划开展训练工作，指导后备人才训练，后备人才按教练员的指导来练习，完成教练员布置的训练任务，这便是传统的乒乓球训练模式。这个传统模式有一个明显的问题，即占主导地位的教练员发号施令，后备人才被动练习，二者之间缺乏互动性，以教练员的单向输出为主，这是后备人才缺乏训练热情的一个重要原因。后备人才按口令练习，教练员很少会分析不同组的队员有哪些差异，很少主动与队员互动，听听队员在训练中的感受和建议，没有反馈的训练很难取得持续性的进步。这就有必要构建互动训练模式，弥补单项训练的弊端和不足，使队员之间、队员与教练之间进行多层面的互动与交流，使队员充分展示自己的优势与特长，提高他们训练的主动性与积极性，进而提高训练效果。

(2)使专项训练融会贯通

在传统乒乓球训练中,专项体能、专项技战术的训练基本都是独立开展,没有形成统一体,各项训练内容之间缺乏有机联系,不利于为最终的比赛打基础和服务。对此,教练员要主动打破这种独立训练的传统模式,加强各项训练之间的联系和融合,在一个大的训练系统中灵活安排各项训练,提高后备人才的综合技能。各项训练最终要服务于比赛,所以模拟比赛也有助于强化各项训练之间的联系,还能使后备人才发现自己的不足,及时弥补与完善,提高综合竞技能力。

(3)促进队员相互学习

每个乒乓球后备人才的体能情况、运动基础、专项技战术能力都有自己的特点,也都有自己的特长和不足之处,所以要在训练中加强后备人才之间的互动与沟通,使他们相互学习,相互促进,建设一支整体水平高、综合素质强的优秀乒乓球后备人才队伍。互动训练对乒乓球后备人才来说是交流、学习的好机会,互动训练给后备人才带来的好处是潜移默化的。有的乒乓球后备人才体能强,而且技战术运用也很熟练,有的后备人才相对落后,可能与起步晚有关,在体能和专项技战术上没有表现出突出的地方,但是有天赋,有可塑性,有继续培养的必要。不同水平的后备人才相互交流、切磋,学习对方的实用技巧和成功经验,弥补自己的不足,共同进步,能够达到自我提升和实现自我价值的目标。

2. 构建互动模式的方法

在乒乓球后备人才训练中构建实用有效的互动模式,可采取以下几项措施。

(1)科学安排各项训练内容的比例,成立互动小组,赛练结合

在乒乓球训练中构建互动模式,尽量不要破坏原计划中的训练内容,模式化改革应该体现在对各项训练内容的安排上,要灵活变化,提高各项训练的效果。从乒乓球后备人才的身心特征出发,可以将互动训练模式初步设定为基础训练+实战,这样不同后备人才之间就有更多机会互动和交流了。安排基础训练的内容时,应合理划分各部分的比例,避免训练内容过于单一,体能、技术、战术、心理、智能的训练比例要适宜。

模拟实战要结合每次训练课的训练内容而设计，争取使乒乓球后备人才在本节课上及之前训练课中所掌握的技能在实战中实现融会贯通，提高其对乒乓球技战术运用的熟练度。教练员也可以从不同后备人才的优势和不足出发合理划分训练小组，每组成员可以优势互补，互通有无，通过互动学习实现共同进步与提高。不同小组之间也可以密切互动，相互学习，但更多的是在实战中看到对方的长处，并主动学习讨教，小组之间既可以是合作学习关系，也可以是竞争对抗关系，把握好这两种关系，灵活安排训练，可有效培养乒乓球后备人才的技能和实战能力。

在每次训练课即将结束前，教练员鼓励每位受训者谈谈自己的收获和心得，主动与他人分享自己的技巧与经验，并认识到自己的不足，主动向教练员请教，也可以以学习小组的形式相互讨论和交流心得，通过这种互动模式使乒乓球后备人才更加明确自己的训练目标和努力方向，激发他们的斗志与进取心。

(2)以案例促进互动

乒乓球后备人才训练主要以身体素质训练和技战术训练为主，各种各样的练习贯穿整个训练活动中，长期进行单调的练习会影响乒乓球后备人才对训练的持续兴趣与积极性，因此教练员要在训练中适当地引入生动精彩的案例，使青少年的注意力更持久，在专项训练中引入案例还有助于提高训练效果。教练员要通过引入案例来对基础训练与专项训练的意义及重要性进行详细诠释，使青少年深刻认识基础训练与专项训练的内容，掌握适合自己的训练方法。

教练员引入案例要掌握一定的技巧，要根据训练内容而在恰当的时机引入相应的生动案例。对于难度较大的训练内容，可将精彩生动的比赛案例引入训练中，选取相关片段，组织青少年观看案例视频，并分组讨论，与青少年互动交流，使他们学习优秀运动员的经验和精神，树立只要刻苦训练就能取得进步的信心。

(3)组织丰富有趣的互动性活动

在乒乓球后备人才训练中，要遵循多元化训练原则，为促进教练员与后备人才之间的互动及后备人才相互之间的互动开辟多元化渠道，使乒乓球后备人才抓住互动机会，向教练员和同伴学习经验和技巧。

组织具有互动性的活动有助于在青少年后备人才训练中构建互动模式。例如，可以将拓展训练引进乒乓球训练中，通过这类活动培养青少年战胜自我的信心和团队协作能力，激发出青少年个人的潜力。也可以加入一些有趣的心理训练方式，培养乒乓球后备人才的良好心理素质。

此外，国内外青少年乒乓球友谊赛、对抗赛等实战对抗形式有助于促进国内外乒乓球文化的互动，能够使青少年积累实战经验，弥补不足，提升自己的专业水平。

### （二）体教融合训练模式

体教融合是当前我国体育乃至世界体育的一个重要发展方向。我国在培养竞技体育人才方面非常重视对体教融合模式的构建与运用，为了真正落实体教融合理念，国家出台相关政策、建立相应制度，有序推进各项工作，保障体教融合工作的顺利开展，促进体育资源与教育资源形成合力，培养全面发展的体育人才，这有助于推进我国体育事业的可持续发展。在乒乓球后备人才训练中构建体教融合模式，对体育系统与教育系统共同推进青少年乒乓球运动员培养工作具有重要意义，将两个系统充分结合起来，能够提高人才培养质量。

构建体教融合的乒乓球训练模式需从以下几方面进行。

#### 1. 普及与提高相结合

构建体教融合模式，培养乒乓球后备人才，要贯彻普及与提高相结合的原则，先面向青少年普及乒乓球运动，打好基础，重视基层乒乓球组织机构的建立，面向社区广大青少年开展形式丰富的乒乓球活动，鼓励社会企事业单位为乒乓球竞赛投资，推动社会青少年乒乓球竞赛的合理运作，将更多的青少年吸引到乒乓球运动中来，促进乒乓球后备人才选拔范围的扩大。再促进各级学校乒乓球教育的衔接，建立覆盖各级各类学校的一条龙训练体制，对学校乒乓球教学与训练进行改革与完善，促进青少年乒乓球竞赛制度的健全与完善，建立相应的联赛体制，充实后备人才备选库，提高后备人才培养质量。

#### 2. 保证后备人才的进出渠道畅通

乒乓球后备人才选拔和输送是乒乓球运动员的“入口”与“出口”，是主要的进出渠道。当前，我国乒乓球后备人才选拔和输送面临一定的困境，导致运动员进出渠道受阻，在体教融合模式的构建中要解决这个问题，促进各级培养单位的有机衔接，防止乒乓球后备人才的输送出现“断层”。

此外，造成我国乒乓球后备人才进出渠道受阻的原因还与各地招生的地域限制有关，传统体育学校无法顺利招到有天赋的乒乓球苗子，而可塑之才无法进入好的学校接受训练，造成了人才流失。针对这个问题，要适当打破地域限制，不同地区在招生上要做好衔接工作，避免人才流失，保证乒乓球后备人才选拔和输送渠道畅通无阻。

3. 建立信息系统，方便人才输送

面向青少年乒乓球运动员建立网络信息系统和档案系统，从而更便捷地掌握乒乓球后备人才的信息，对其发展情况有更清楚的了解，进而进行具有针对性的强化训练，提高人才培养质量，最终为我国输送优秀的乒乓球人才。

## 第四节　我国乒乓球后备人才培养的现状

### 一、我国乒乓球后备人才培养的基本情况

作为我国的国球，乒乓球在我国竞技体育项目中的优势是显而易见的，这项运动的发展对我国社会的发展具有较大的影响。乒乓球相对于其他一些竞技体育项目，在我国更受重视一些，各地积极开展乒乓球活动，培养乒乓球人才，促进了我国乒乓球运动的持续发展。当前，我国在乒乓球后备人才培养方面的基本情况如下。

第一，我国乒乓球后备人才培养体系不断丰富，多种培养方式都得到了广泛的应用，相比传统单一的人才培养模式，多方式并存的培养更合理、有效。但尽管多种培养方式并存，在人才培养中也依然存在一些不足与问题，如左手握拍和直握球拍的青少年运动员在整个乒乓球后备人才队伍中所占的比例较少；青少年乒乓球运动员基本功不扎实、体能

水平不高的问题普遍存在；训练与比赛结合得不紧密，后备人才参加比赛的机会少，严重缺乏实战经验。

第二，我国在乒乓球后备人才培养中，教练员队伍中退役运动员占多数，这部分教练员曾经作为专业运动员，专项技能水平和实战经验是毋庸置疑的，但他们的科研能力相对欠缺，因而直接影响了青少年运动员训练的科学性，也忽视了对青少年运动员的智能培养。

第三，我国乒乓球后备人才培养还存在一些比较棘手的问题，如基础场地设施条件较差；培养制度与教育制度之间协调性较弱；相关政策较少，已有的政策执行不到位；等等。

## 二、我国乒乓球后备人才培养模式现状

随着社会的不断发展和乒乓球多元化发展进程的加快，对乒乓球后备人才的要求越来越高，而且乒乓球后备人才自身价值取向的变化也使其产生了全面发展的需要。因而乒乓球后备人才的全方位培养日益受到重视，在培养青少年乒乓球素养的同时，也不能忽视文化素质培养。鉴于此，多维度的乒乓球后备人才培养模式逐渐形成。当前，我国乒乓球后备人才培养模式主要有以下三种。

### （一）体教结合培养模式

体教结合模式下的乒乓球后备人才培养主要有以下两个特点。

第一，在培养青少年乒乓球后备人才体能与技战术能力的同时，也注重文化教育，提高他们的文化知识水平。

第二，体育部门与教育部门共享人才培养相关资源，体校后备人才的文化教育主要由教育部门负责，学校乒乓球运动训练的开展也促进了体育教学基础场地设施条件的改善。

体教结合培养模式在一些乒乓球俱乐部中得到了广泛应用，其中北大方正乒乓球俱乐部在这方面成效显著。该俱乐部先面向全国选拔具有乒乓球特长的青少年学生，然后组织被选拔的对象在俱乐部接受专门训练，并送他们到附近学校学习文化知识，提高了乒乓球后备人才的文化素养，促进了他们的全面发展。但是体教结合模式也有不足与缺陷，这在第一章由体教结合向体教融合转变的分析中已提到。当前，我们要

致力于构建体教融合的培养模式，实现从体教结合向体教融合的转变，关于乒乓球后备人才体教融合培养模式将在第三章详细说明。

### （二）乒乓球学校培养模式

在我国乒乓球后备人才培养中，乒乓球学校培养模式也发挥了非常重要的作用，是培养体系中不可或缺的一种模式。我国退役乒乓球运动员、乒坛知名人士一直是培养青少年乒乓球运动员的积极分子。与此同时，乒乓球后备人才培养也获得了一些社会企业与团体的支持，包括资金支持、人力支持等。这些都为乒乓球学校的创办提供了良好的资源条件。乒乓球专业学校集文化教育和运动训练于一体，有比较完备的训练设施和专业的教练员队伍，文化课教师也是从校外聘请的优秀教师，而且学校在食宿上也有良好的条件。这些都为乒乓球后备人才培养创造了良好的环境，能够满足开展人才培养工作的需求，也能满足学生的基本生活需求、文化学习需求和运动训练需求，有助于学生的全面发展。

### （三）职业化培养模式

随着我国乒乓球运动职业化发展速度的加快，职业联赛不断增加，赛事体制不断健全，从而促进了乒乓球后备人才职业化培养模式的形成。这一培养模式具有以下几个特点。

第一，该模式运作的资金来源于企业集团投资，不需要国家财政承担费用，因而减轻了国家财政负担。

第二，职业比赛含金量高，一些联赛的专业水平可以与世界级水平媲美。

第三，乒乓球职业联赛能够给运动员带来可观的经济收入，职业运动员退役后，能够凭借良好的经济实力选择更多的出路。

我国乒乓球职业俱乐部中有一些运营水平较高、效果较好，其中具有代表性的是山东鲁能俱乐部。该俱乐部采用职业化培养模式培养乒乓球后备人才，培养基地主要在潍坊乒乓球学校和青岛训练基地，联合体育、教育和俱乐部等多方资源，提高了人才培养效率与质量。

# 第五节 我国乒乓球后备人才培养的困境与影响因素分析

## 一、我国乒乓球后备人才培养的困境

### （一）受财政资源限制

我国在乒乓球后备人才培养中，经费主要来源于地方财政部门。随着我国经济的不断发展，用于乒乓球后备人才培养的财政拨款理应不断增加，但因为在乒乓球后备人才选拔与培养中发现有些学校的生源质量层次不达标，因而影响了地方财政投入。若财政资金支持力度不够，那么人才培养就会受到严重影响，也无法保证人才培养质量。财政资源的限制是我国很多竞技体育项目发展中面临的问题。

### （二）人才选拔过程不合理

我国乒乓球后备人才选拔过程不合理，主要是因为一些地方政府为了成为当地竞技体育发展的受益主体，完全掌握竞技体育发展带来的利益，利用行政手段对竞技体育后备人才的选拔与调动加以限制，乒乓球后备人才的选拔同样如此。这样一来，优秀人才的跨区域流动便受到限制，而且在人才选拔中还存在透明度不够、公开力度弱等问题，整个选拔过程不为社会大众所知，选拔方式也不合理，从而使我国乒乓球后备人才的培养与发展受到严重的制约。

### （三）重技能培养，轻文化教育

在体教结合模式下，我国进行乒乓球后备人才培养时，将文化教育与乒乓球训练结合起来，这是我国乒乓球后备人才培养的一大进步。但总体来说，乒乓球后备人才文化教育与专业训练的受重视程度是不平衡的，技能训练依然占主导，文化教育所占比例小，或者只流于表面，在后备人才培养效果评价中，参考指标也只是后备人才的技能水平，这严重影响了乒乓球后备人才综合素质的提高与全面发展。一味重视技能培养还有一个问题就是在技能训练中无休止地增加训练强度，导致后备人才出现严重的运动疲劳或损伤现象，给其职业生涯带来危害。重技能、轻教育也不利于乒乓球后备人才将来退役后的再就业。

## 二、我国乒乓球后备人才培养的影响因素

我国乒乓球后备人才的培养受到多种因素的影响，概括而言，影响因素主要有以下几种。

### （一）外在环境因素

1. 国家扶持

乒乓球是我国传统优势体育项目，其优势体现在社会地位、国家重视程度、社会参与程度以及国际影响力等多个方面，这些优势远远超过我国其他竞技体育项目。我国乒乓球运动员在世界大赛中屡创佳绩，为国家争得了很多荣誉，促进了我国体育文化实力的增强。这使得我国政府高度重视乒乓球后备人才的培养，而且国家对乒乓球人才的需求也不断增加，从而促进了乒乓球后备人才培养机制的不断完善、培养条件的不断优化以及培养效率的不断提升，推动了乒乓球后备人才培养的持续发展。

2. 体校的专业培养

体校是我国培养竞技体育后备人才的重要途径，利用各地体校资源培养乒乓球后备人才能够取得良好的效果。体校属于特色学校，拥有实力雄厚的教练员队伍，由专业人员挖掘、选拔有天赋的苗子，制订系统的人才培养计划，开展科学培养工作，为国家输送优秀人才。总之，体校的专业培养对我国乒乓球后备人才培养的发展具有重要影响。

### (二)后备人才自身因素

乒乓球后备人才的培养必然会受到培养对象自身因素的影响。青少年能否被选材者选中,能否进入后备人才队伍,与其个人是否有潜能、有后天培养的条件直接相关。后备人才自身因素是教练员选材时必须考虑的因素,自身因素主要包括体能因素、智力因素等,如思维反应能力、身体协调能力、瞬间爆发力、对球的控制力等。拥有良好潜能的青少年,或者先天条件好、可塑性强的青少年更容易被选中。在后备人才培养中,要对选中的青少年进行全方位的培养,包括体能、专业技能和文化素质等方面的培养,同时注重开发他们的潜能,使后备人才获得更持久的发展。

### (三)教练员因素

在乒乓球后备人才培养系统中,教练员作为组织者和练习者是不可或缺的人力资源。教练员因素直接影响后备人才培养质量,影响后备人才综合素质的培养效果。具体来说,是教练员的知识结构、专业技能、综合素质、业务能力等因素在产生影响。为充分发挥教练员的积极作用,促进后备人才培养质量的提高,必须建立一支高水平教练员队伍,队伍中的每一名教练员都应该热爱本职工作,责任心强,有良好的职业道德素养和业务能力。总而言之,要求教练员综合实力强,专业素质过硬,能够潜移默化地影响青少年的成长与成才,为培养优秀乒乓球运动员做出贡献。

### (四)教育因素

当前,我国培养乒乓球后备人才,既要进行技能训练,也要进行文化教育,因而教育因素也是影响乒乓球后备人才培养的重要因素之一。在乒乓球后备人才文化教育中,要树立科学的教育观,构建创新型的教学模式,如"竞教研合一"的教学模式,从而培养出能够满足当今社会需求的全面型乒乓球人才。在乒乓球后备人才文化教育的创新中,要结合现代乒乓球发展趋势、社会发展对青少年创新能力的要求来完善教育体系与模式,重点培养青少年的创新能力。

# 第六节　我国乒乓球后备人才培养改革发展的思考

通过分析我国乒乓球后备人才培养的现状、困境与影响因素，能够了解当前我国乒乓球后备人才培养的基本情况，清楚存在的问题与需要解决的矛盾，从而有针对性地解决问题，克服困难，走出困境，开辟多元化的人才培养路径。下面基于我国乒乓球后备人才培养现状，具体分析改革发展的思路与策略。

## 一、加大资金投入力度，改善培养环境

对于乒乓球运动及后备人才的发展来说，加大资金投入力度，优化培养环境是至关重要的。具体来说，要根据实际情况，适当增加资金投入，使乒乓球训练的相关设施得到完善，营造更有利于开展乒乓球运动和培养乒乓球后备人才的良好环境。体育主管部门应通过调查等方式了解学校的办学条件、乒乓球运动成绩、开展乒乓球运动的积极性、影响力等相关指标，根据实际情况增加资金投入。

此外，教育主管部门、学校对乒乓球后备人才培养的重视程度也要进一步提升，积极扩展人才培养渠道，丰富人才培养的方法，改善当前条件，特别是从政策、资金等层面加大支持力度，使乒乓球设施尽可能完善、齐全，不管是设施的数量还是质量，都要有所改善，从而满足乒乓球后备人才培养的需求，使乒乓球后备人才的数量与质量都得到保证。另外，由于乒乓球运动的特殊性，运动损伤是无法避免的，因此，对于学校来说，提供较好的医疗条件也是人才培养中要解决的主要问题之一，培养单位要做好医疗保障工作，为乒乓球后备人才的安全训练与健康发展提供保障。

## 二、重视对培养体制的改革

### （一）建设乒乓球后备人才培养网络体系，拓宽培养渠道

要推动我国乒乓球的可持续发展，必须从青少年抓起，这是必由之路，但是因为缺乏这个观念，再加上对乒乓球后备人才培养的本质与规律理解不深刻，导致我国没有充分挖掘与利用乒乓球后备人才资源。为了对传统乒乓球后备人才培养体系加以完善，可根据实际情况采取创办乒乓球学校、建设乒乓球训练基地、在各级学校普及乒乓球运动、整合资源建设乒乓球俱乐部、举办乒乓球夏（冬）令营活动等一系列措施来扩大我国乒乓球后备人才选拔与培养范围，提高人才培养效率。

### （二）注重训练与教育的结合

"以人为本""可持续发展""全面协调"等理念对我国培养乒乓球后备人才具有重要指导意义。我国在乒乓球后备人才培养体制的改革中，树立这些科学理念，践行与落实体教融合，并在进一步提高培养质量的同时对人才培养的价值取向、目标定位进行修正与调整，从而为后备人才的未来发展打好基础，同时也能塑造全面型乒乓球人才。

## 三、加强乒乓球基地建设

### （一）重视基地建设，作好人才培养的长远规划

乒乓球基地的主要任务是培养乒乓球后备人才，向上级部门输送优秀乒乓球运动员。建设乒乓球基地对培养乒乓球后备人才具有重要意义。在响应国家和地方号召，落实政府部门相关政策，顺应市场经济要求的基础上大力建设乒乓球基地，保证基地人才培养工作有序开展，这是新时代我国培养乒乓球后备人才的重要路径之一。

乒乓球基地建设质量直接受政府部门重视程度的影响，对此，国家和地方政府部门尤其是领导部门要提高对这方面的重视，并为基地的长

远发展制订规划，明确基地建设与发展目标，为基地培养乒乓球人才提供方向与动力。在基地发展规划的设计中，必须从长远考虑，采取阶段性推进的建设方式，先做好基层工作，稳扎稳打，再逐步开展更高阶段与更高水平的建设与培养工作，从而一步步实现基地发展目标和人才培养目标。

### （二）完善学训体制，提高基地的人才输送率

培养与输送优秀的乒乓球后备人才是建设乒乓球基地的主要目的。为了更好地实现这个目的，基地要重视对教育训练体制的改革与完善，为乒乓球后备人才谋划更好的出路，提高人才培养率和输送率，解决后备人才"报国无门"的困境。基地还应做好与体校乒乓球队或普通高校高水平乒乓球队的良好衔接，保障乒乓球后备人才的受教育权，为其全面发展和再就业作好合理规划。

### （三）完善管理模式，提升人才培养质量

乒乓球基地的办学品质和人才培养质量直接受基地管理模式的影响，只有科学管理，加大管理力度，才能实现基地长远发展的目标。为了完善管理模式，提高管理效率，有必要强调程序化管理的重要性，落实方法如下。

(1)每天按时汇报、公示日工作计划。

(2)教练员按规定、计划开展训练工作。

(3)青少年运动员按相关条例与制度进行日常学习与训练。

(4)经费预算、审核都要按指定程序落实。

(5)严格按照规定使用场地设施，提高维护意识，定期检查，排除安全隐患。

总之，要提高乒乓球基地管理的程序化水平，清楚乒乓球基地的各项工作，明确职责与任务，有明确的目标，在工作中及时发现与解决问题，基地所有人员严于律己，共同努力促进基地办学品质及人才培养质量的提升。

### （四）完善医务设施，保障健康

在乒乓球基地建设中，医务设施建设也很重要，改善医务条件，能够

为后备人才安全训练和参赛提供保障。基地在医务建设中要重视对专业医务组织和医疗团队的建设,基地医务设施建设在很大程度上影响着青少年运动员的训练与参赛。只有完备的医务设施才能保障青少年运动员的身体健康。基地要配备专业的医务室和医务人员,定期检查青少年运动员的身体情况,及时发现健康问题,采取科学的医疗手段解决健康问题,为青少年运动员的健康保驾护航。

## 四、完善职业俱乐部的培养模式

当前,我国乒乓球后备人才培养模式不再以传统体校培养为主,因为传统体校的教学与训练方式单一,无法满足新时代社会多元化发展和市场经济体制改革的要求,因此需要结合时代背景探索更加科学的人才培养模式。职业乒乓球俱乐部人才培养模式符合新时代社会多元发展的要求,也能弥补传统体校人才培养的弊端,因此很受推崇。大力推动职业乒乓球俱乐部的运营与发展,完善这一培养模式,有助于为我国培养出更多优秀的乒乓球运动员。

下面具体分析进一步完善职业乒乓球俱乐部后备人才培养模式的建议。

### (一)设置恰当的文化课程

为保障职业乒乓球俱乐部更好地运行,需要加强对青少年乒乓球运动员文化教育的重视,因此有必要根据乒乓球俱乐部的特点和人才培养需要设置文化课程。职业乒乓球运动员主要来源于青少年群体,从青少年中选拔乒乓球人才,将其培养成为职业球员是很普遍的现象。培养乒乓球运动员,要抓住青少年身心发展的黄金期,青少年时期也是运动员一生中学习文化知识的黄金期,因此对乒乓球后备人才进行文化教育刻不容缓。目前来看,职业乒乓球俱乐部的文化课教师不管是专业素养还是基础知识能力,普遍不及普通学校的文化课教师,这也是俱乐部球员文化素质整体较低的主要原因。所以,要促进乒乓球俱乐部后备人才培养模式的进一步完善,就应该在俱乐部设置合理的文化课程,研发适合俱乐部球员特征和满足其需求的文化课程,在实践教育中不断完善课程体系,提高文化教育质量。同时还要配备专业的文化课师资队伍,提高球员的文化知识素养,促进球员的全面发展。俱乐部球员的文化学习应与学校教育衔接起来,在学校文化课考试期间安排青少年去学校考试,从而解决职业乒乓球俱乐部青少年运动员训练和参赛的后顾之忧,培养全方面发展的青少年乒乓球人才。

### (二)开展大数据人才选拔

对职业乒乓球俱乐部培养后备人才的模式进行优化与完善,要重视对高质量生源的吸收与吸引,对青少年乒乓球比赛中的种子选手进行大数据选拔是扩大生源和后备人才培养规模的有效方式。这就需要在举办青少年乒乓球比赛的过程中开展数据采集和整理工作,为优秀球员配备专业教师与教练,重点培养和管理。在青少年乒乓球比赛中关注球员的竞技表现、临场发挥和综合素质,记录重要数据信息,以便在人才选拔与培养中有实质性的参考依据。

职业乒乓球俱乐部在招生上主要面向高中乒乓球队,这其实限制了生源,所以要扩大招生范围,面向中小学尤其是传统体育学校招生,然后进行多层次的大规模培养,选拔出更多优秀的人才。此外,深化与细化数据人才选拔方式也能将优秀生源吸引到乒乓球俱乐部中。随着乒乓球运动的不断发展,要不断更新乒乓球人才培养理念,更新乒乓球教育与训练理念,通过数据采集优选更多有潜力、有天赋、有可塑性的后备力量,科学培养,提高成材率与输送率。

开展大数据选拔可以更加客观、公平地评价被选对象,可以提高乒乓球后备人才选拔的严谨性和科学性。

### (三)加强对俱乐部的管理

职业乒乓球俱乐部本身的发展情况会影响其对乒乓球后备人才的培养质量,因此必须重视对乒乓球俱乐部的管理,促进乒乓球俱乐部的良性运作与可持续发展,从而充分发挥俱乐部培养后备人才的功能。在职业乒乓球俱乐部管理方面,首先要建立合适的组织管理机构和梯队管理机构,设置必要的职能部门,明确各部门的职责,由专门的事务部对运动队进行管理,下设不同级别的教练员组成教练队伍对青少年运动员的日常训练进行管理,该管理模式的主要特点是逐级负责,责任明确。

充满正能量的乒乓球比赛环境。此外，要将基层乒乓球训练和比赛重视起来，注重对基层单位乒乓球后备人才的选拔，并与中高层衔接起来，完善乒乓球后备人才梯队建设模式。最后，要注重对乒乓球后备人才信息资料库的建立，并定期更新与完善，将青少年的信息提供给选拔单位，为选材提供便利。

## 五、提高乒乓球后备人才训练水平

### （一）加强实战训练

乒乓球比赛竞争十分激烈，这个竞争既是体力和技战术的较量，也是智慧的较量，单打比赛需要运动员体质好、毅力强、技战术水平高，双打比赛需要团队对抗性强、默契合作、团结一致。乒乓球训练是为了迎接实战而展开的工作，从时间上来看，训练在前，实战在后，二者是相互分离的状态，但脱离实战的训练不利于培养乒乓球后备人才的自信心，不利于培养协同配合意识。所以，结合实战进行乒乓球训练，强化乒乓球训练的实战化，使乒乓球后备人才抓住每一次实战机会，能够培养他们的自信心和竞争意识，培养其集体主义精神和协作能力。

### （二）适当应用新技术

乒乓球后备人才的训练与提升需要教练员的科学引导。学校乒乓球教学与训练中存在的问题是平时不重视乒乓球教学与训练，只希望学生在最后的考核中过关即可，以考试成绩作为衡量学生乒乓球水平的指标，这导致学生在平时的训练中不够用心和投入，自由散漫，没有规划，没有认识到这对其未来职业生涯的重大影响。这种现象严重阻碍了乒乓球后备人才的成长与职业运动生涯，因此必须改革学校乒乓球教学与训练的弊端，重视日常乒乓球训练。

乒乓球后备人才在日常训练中专注力不够、兴趣不高、积极性较差还与训练内容和方法枯燥单一有关，对此，教练员要注重采用新技术对训练方法、训练模式、训练组织形式、训练器材予以创新。例如，将现代多媒体手段引入训练课，播放精彩激烈的乒乓球比赛视频和趣味性游戏视频，培养后备人才的乒乓球认知能力，并将此作为重要素材来源来丰富训练内容，创新训练方法，改革训练模式，提高青少年训练的积极性，进而促进乒乓球训练效果的提升和乒乓球人才培养质量的改善。

### （三）增加训练的趣味性

乒乓球后备人才在乒乓球训练中的注意力、态度、耐力、发挥等一系列表现都与训练安排有关，传统意义上枯燥单一、乏味无趣的训练内容和方式消磨了青少年的耐心与激情，使其被动训练，毫无兴趣和乐趣，最终的训练效果也不理想。而如果在训练中增添一些游戏元素，进行趣味性训练，便可将乒乓球后备人才训练的热情与积极性充分调动起来，使青少年在轻松与充满乐趣的欢快氛围中熟练掌握技术，提高他们的自主参与度，这样不仅训练过程充满趣味，而且训练效果也令人满意。

乒乓球运动的快速发展对乒乓球后备人才的体能提出了一定的要求，良好的体能是乒乓球后备人才在训练和比赛中坚持完成任务、取得理想成绩的基础条件。因此体能充沛对乒乓球后备人才来说很重要，这就是乒乓球训练将体能训练作为重点训练内容之一的重要原因。跑步是最传统的体能训练方式，也是锻炼乒乓球后备人才体能素质尤其是速度、力量和耐力的有效方式，但如果将这一训练方式贯穿于体能训练计划的始终而不加改变或调整，或者说在速度或耐力训练的整个过程中单纯采用这一种方式，容易使青少年产生厌烦和排斥感，从而影响他们在训练中的态度和表现。鉴于这种情况，可适当通过户外活动来锻炼青少年的体能，这样也有助于青少年愉悦身心，缓解疲劳，亲近大自然，陶冶情操。

### （四）加强心理训练

优秀的乒乓球运动员往往拥有良好的心理素质，在乒乓球比赛中，运动员的心理素质所发挥的作用不可小觑，尤其是在双方体力和技战术能力旗鼓相当的时候，心理素质往往成为决定胜负的关键因素。心理训练是一个漫长的过程，在乒乓球训练中可以专门安排心理训练，也可以将心理训练融入体能和技战术训练中，作为技能训练的辅助方式。实战训练更有助于培养乒乓球后备人才的心理素质，紧张的比赛氛围能够锻炼青少年适应紧张比赛环境的能力，可以使其克服紧张和恐惧心理，心理承受能力得到增强，勇敢面对复杂的实战环境，从容化解比赛中的危机，准确判断赛场形势，对赛场局势掌控自如，自信完成技战术，稳定发挥。

## 六、提升教练员的综合素养

乒乓球运动的发展以及乒乓球后备人才的发展，都会直接受到乒乓球教练员专业能力的影响。从乒乓球事业发展的战略上来说，提升教练员的专业素养是非常值得关注的问题。加强对乒乓球教练员的培养是现阶段我国培养乒乓球后备人才的重要任务之一，这关系到乒乓球的全方位发展和高质量提升。

具体来说，乒乓球协会可以组织建立教练员的多元培训机制，引进高水平教练人才，提高培训主体的能动性；打造有效的培养师资梯队，科学设置培训课程，将培训的整体性和关联性作为关注的重点。与此同时，还要对教练员考核制度进行完善，优化选拔聘任、竞争激励等培养机制，实现教练员专业化、职业化发展，最终打造具有较高理论素养、良好科研意识、扎实业务水平的乒乓球教练员人才梯队，为乒乓球后备人才培养的发展创造良好的条件。

# 第三章　我国乒乓球后备人才体教融合培养模式的构建与运行

当前，体教融合培养模式在我国体育理论界掀起了研究热潮，经过不断深入研究，该模式不断健全与完善。在体教融合的研究中，学界起初从单一的体育学科角度进行探讨，之后逐渐向其他社会学科研究过渡，这是体教融合模式研究的主要方向与趋势之一。在综合人文学科视角下构建乒乓球后备人才培养模式，既顺应了体教融合研究的新趋势，又能满足我国乒乓球运动发展的需要。本章着重研究我国乒乓球后备人才体教融合培养模式的构建与运行，为我国培养优秀的全面发展型乒乓球后备人才提供新思路，具体研究内容包括我国乒乓球后备人才体教融合培养模式的构建与运行路径；体教融合视域下我国乒乓球后备人才培养的优化策略以及国外乒乓球后备人才体教融合培养模式与启示。

## 第一节　我国乒乓球后备人才体教融合培养模式的构建

### 一、我国乒乓球后备人才体教融合培养模式构建的原则

#### （一）人本原则

在体教融合模式构建中坚持以人为本的思想，一切以“人”为出发点和中心点来开展文化教育、运动训练等活动，出发点和终结点都应该落

实到培养多方面和谐发展的“人”的最终目标。该原则客观上要求在乒乓球后备人才培养的不同时期，全面结合培养对象的生长发育情况、知识接受能力、运动负荷承受能力，有针对性地实施体教融合的各项活动，使培养出来的乒乓球运动员最终满足社会的总体需求。

### （二）科学原则

乒乓球后备人才的成长是一个长期、系统的过程，其间必须坚持科学观点、遵循科学规律、采用科学方法才能最大限度地避免体教融合中产生的矛盾和问题，减少两个系统间的内耗，提高融合效率，有效解决乒乓球后备人才培养中存在的目标单一、渠道不畅、分流不力、安置不妥等问题。

### （三）系统原则

在乒乓球后备人才体教融合培养模式的构建过程中，无论是教育系统还是体育系统，都首先要在自身结构和功能上实现共同目标的一体化，教育部门要努力提高乒乓球队伍的训练水平和比赛成绩，体育部门也要结合当前乒乓球后备人才培养的契机和需要，加强各级体校、体工队和俱乐部乒乓球运动员的文化课学习和知识积累，努力提高运动员的综合素质。此外，两部门要按照统一部署、分工协作、各尽其职的指导方针，以宏观的制度构建和政策支持为核心，在后备人才培养的不同时期共同成立“体教联办”单位，并协作构建融合教育系统和体育系统共同参与的竞赛体系，整体推动乒乓球后备人才培养的发展。

### （四）公平原则

乒乓球后备人才体教融合培养模式是体育与教育部门资源共用、义务共尽、优势互补、成果共享的横向联合，通过联合拓宽了乒乓球后备人才的培养途径，为乒乓球后备人才提供了更多的选择和机遇，而这些机会的提供，应该建立在“公开、公正、公平”的竞争平台上，以机会共享、人人平等的理念指导各项工作，使每一名运动员都能在机会均等、公平合理的竞争环境中得到最大程度的发展。

### （五）共赢原则

以“科学发展观”为指导思想构建乒乓球后备人才体教融合培养模式，基础是“以人为本，全面、协调、可持续发展”的理念，最终目标是实现“和谐共赢”。

进行体教融合培养，一方面要为竞技乒乓球运动的发展提供优秀的乒乓球选手，保证我国乒乓球运动水平始终处于世界乒坛前列；另一方面，也要为全社会提供优秀的乒乓球师资、科研等人才，为我国乒乓球运动的可持续发展提供坚实的保障。因此，乒乓球后备人才体教融合培养模式的构建要从国家和社会的角度力争达到“共赢”目标（图3-1）。

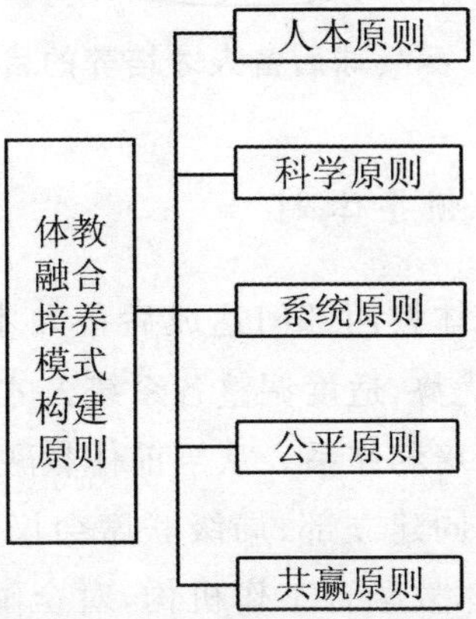


**图3-1　我国乒乓球后备人才体教融合培养模式构建的原则**

## 二、我国乒乓球后备人才体教融合培养模式构建的框架

### （一）结构完整的培养目标

乒乓球后备人才体教融合培养模式的构建应建立在合理的分级培养目标的基础上，保证整个系统运行的稳定性，因此客观上要求充分发挥并整合体、教两个部门的优势，以资源互补的方式统筹规划乒乓球后备人才培养的总体布局。乒乓球后备人才体教融合培养目标应当是多层次的设定，使后备人才在向目标迈进的各个阶段可以根据自身的发展

状况，结合内外部环境的动态变化，适时调整自己的阶段性目标，在无法达到最理想目标的客观现实下，及时改变目标路径。概括而言，当前我国乒乓球后备人才体教融合的培养目标大致可以划分为基础技能型、全面复合型和高端竞技型三个目标层（图 3-2）。

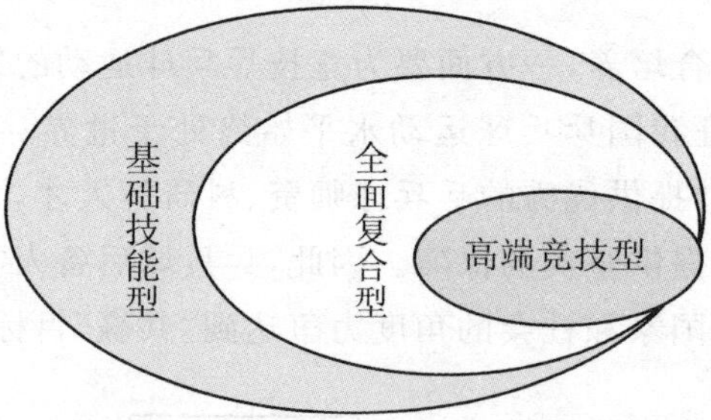


图 3-2　乒乓球后备人才培养的目标层①

## （二）全面协调的领导体制

体教融合培养是在体教两部门达成后备人才培养共同目标的基础上，充分发挥各自资源优势，适度调整各系统人才培养模式，基于互补和共赢的理念共建的人才培养体系。从当前体教融合开展效果看，建议国家体育总局与教育部共同建立部、局级联席会议制度，定期商讨体教融合发展相关问题，下设体教融合工作机构，对全国体教融合发展问题进行宏观指导，地方各级政府也应建立体教两系统包括相关部门的联席会议制度，负责各地体教工作的具体实施。

## （三）谋横联纵的管理制度

无论是体育系统还是教育系统，其纵向垂直化的管理制度已运行了多年，虽效率较高，但单一性、片面性的人才培养弊端无疑制约了后备人才综合素质的培养。近几年，越来越多的单位和地区采用“体教联办”的模式对运动员进行体教融合培养。这种培养体现了体育和教育上级领导部门的统一协调管理，由学校主管领导负责，由学校相关的教务、招

① 张铭辰．“体教结合”培养模式下乒乓球后备人才培养的现状及发展路径研究[D]．沈阳：沈阳体育学院，2013．

生、学管等职能部门协同组成，全面负责和协调运动员的招生、文化学习、运动训练等工作，根据运动员学习和比赛的需要，制订教学计划，保障运动员的文化学习质量，网络化管理制度的实施促进了教育和体育部门核心优势的发挥，并在政府统一部署下共同负责、协商合作、力求双赢。管理制度的创新推动了后备人才培养的巨大变化。

#### （四）以点带面的训练体系

在体教融合下培养乒乓球后备人才，必须构建合理高效的训练体系。在基础教育阶段的乒乓球后备人才培养中，应当实施以体教融合为主的训练、学习双修的同步进程。乒乓球后备人才的训练体系应当在整体上构成多条通路，一是以体育系统管理为主的、以体校为起点的、培养高端乒乓球竞技人才为主的专业队、俱乐部训练体系，兼顾社区乒乓球俱乐部人才的培养，另外是以教育系统管理为主的乒乓球小学、中学传统项目学校到高校高水平运动队的“一条龙”训练体系。

多通路、扁平化、立体结构的训练体系使乒乓球训练覆盖大多数乒乓球爱好者、中层练习者以及高端的优秀运动员，训练网络覆盖范围更广，影响更深，从而为乒乓球后备人才的培养开辟了从起点到顶点更为优化的训练路径。

## 第二节 我国乒乓球后备人才体教融合培养模式的运行路径

### 一、培养意识层面：专业化与业余化培养思路

在乒乓球后备人才体教融合培养模式的运行中，首先要明确培养所追求的价值目标，就是要把乒乓球后备人才培养成一个什么样的人，在意识层面必须有一个正确和符合时代发展需要的认识。

在体教融合模式下应确立专业化与业余化的乒乓球后备人才培养意识。在此意识层面下，结合我国乒乓球发展的现状，培养符合需要的

乒乓球运动员，专业化培养主要着眼于具有天赋的乒乓球后备人才，能够在竞技体育赛事中取得优异成绩的人才，在培养中要更加关注技能训练；业余化培养更多地进行体育文化教育，这样能够使后备人才获得更多的发展机会。专业化与业余化培养思路要相结合，使乒乓球后备人才获得全面发展。

## 二、制度设计层面：构建多维度可持续发展培养模式

在乒乓球后备人才体教融合培养模式的运行中，构建多维度可持续发展培养模式，需从两个层面进行。

### （一）内在层面

内在层面要以乒乓球后备人才自身素质的全面提高为切入点，具体从以下两方面着手。

第一，对乒乓球后备人才的文化素质与体育专业素质进行培养，确立全面提高乒乓球后备人才综合素质的培育目标，消除文化教育与训练之间的矛盾，在追求乒乓球后备人才全面发展目标下，根据实际情况进行课程设置，合理安排运动训练和比赛。

第二，在课程设置中确立多维度的培养课程，细分乒乓球后备人才自身素质发展的需求，以体教融合培养模式为基础，积极借鉴职业培养模式以及乒乓球学校培养模式的长处。

### （二）外在层面

外在层面主要是考虑乒乓球后备人才培养的外在环境。当前我国社会分工日益细化，多元化日益成为社会各项元素的主要特征，多元化可持续发展培养模式的建立必将为乒乓球后备人才的培养开创新的局面，积极鼓励企业和个人参与竞技乒乓球的投资管理，可以更好地保证和促进体育资金的投入和有效利用。只有这样，才能为乒乓球后备人才竞技水平的提高和未来发展提供更广阔的空间。当前，乒乓球赛事商业化运作模式的引进更为体教融合培养模式下乒乓球后备人才的发展提供了崭新的土壤，能够为乒乓球后备人才的培养带来源源不断的投入，并扩大乒乓球运动员在体育界生存与发展的空间。

总之，在体教融合培养模式的运行中，内部层面要从多维度培养乒乓球后备人才的综合素质，使其能够适应时代的需要；外部层面要从可持续发展的角度顺应乒乓球商业化发展潮流，为体教融合培养工作的开展争取社会资源，保证人才培养的可持续发展。

### 三、机构设置层面：完善乒乓球学院模式

为贯彻落实体育强国战略，推进中国乒乓球文化的传播，提升我国体育文化软实力，上海市人民政府和中国国家体育总局签署了共建上海体育学院中国乒乓球学院协议。乒乓球学院的开设为我国乒乓球后备人才体教融合培养模式的运行提供了新的路径，其通过集"教学、训练、研发、培训、赛事与对外交流"于一体、包含所有办学层次、坚持学历教育与日常培训相结合构建起一个比较完善的体制模式，为我国乒乓球后备人才的发展提供了保障，也为其他体育项目的发展提供了借鉴。

目前，乒乓球学院还需要从以下几方面加以完善。

第一，建立乒乓球文化相关理论研究专业性学术团体，提高乒乓球后备人才的理论素养。

第二，运用商业化的运营方式进行办学，对外进行乒乓球后备人才培养项目研发与推销。引入商业化运行模式，能够吸引更多社会资源的流入，为人才培养提供资金支持，并有助于促进我国与国外的乒乓球文化交流。

## 第三节　体教融合视域下我国乒乓球后备人才培养的优化策略

### 一、加快发展校园乒乓球

#### （一）转变发展理念

发展校园乒乓球，首先要树立正确的发展理念，摒弃落后的、错误的

发展理念，矫正传统畸形的价值取向，在“以人为本”核心思想的指引下开展关于校园乒乓球的各项工作。

转变校园乒乓球发展理念，具体要遵循下列几个价值取向。

### 1. 素质教育

开展校园乒乓球活动，培养乒乓球后备人才，要回归教育本位，真正在教育体系内开展相关工作，这是素质教育的要求，也是推动素质教育发展和校园乒乓球发展的必然选择。政府应高度重视校园乒乓球的发展，对相关硬件设施予以配置和完善，加快修建校园乒乓球场地，使基础设施资源的供给与需求保持平衡，并在基础教育层面强调乒乓球教育的重要性。在校园乒乓球发展成果和活动成绩的评价中，突破传统评价体系中“唯分数论”的局限与弊端，增加具有弹性化的评价指标，并在测试项目上给予学生一定的自主选择权，此外，评价主体、评价层次也要体现出多元化，避免单一评价带来的弊端和造成评价结果不真实的现象。

### 2. 普适教育

普适教育也是发展校园乒乓球应遵循的一个重要价值取向，它与过分强调学生乒乓球竞技水平的竞技化教育是对立的。校园乒乓球在校园开展，还是要回归教育的本质，要从教育层面培养乒乓球后备人才的文化素质和技能素质，不要一味强调学生要取得很好的比赛成绩，切忌按培养竞技乒乓球运动员的标准去要求学生。

既然是教育，就要注重对学生综合素质的培养，包括健康的身心素质、健全的人格素养、良好的运动素质以及其他方面的素质。校园乒乓球要走普适教育的道路，就应该抓好乒乓球教学工作，加强对乒乓球教学内容的改革与拓展，缩小乒乓球教育水平的地区差异，使大量的青少年学生主动参与乒乓球运动，主动学习乒乓球知识与技能。

### 3. 因材施教

发展校园乒乓球，要确立“因材施教”的重要指导思想，普通学校的青少年学生和体校学生的体质有一定的差异，所以不能按同一套标准和要求来培养人才，对普通青少年学生的乒乓球体能与技能要求不能太严格，要有计划地开展乒乓球教学、训练工作，并组织举办符合普通学生实际情况的乒乓球比赛，对参赛学生的体能和技能进行层次与级别划分，进行分层比赛或分级别比赛，先以调动学生参与乒乓球活动的兴趣和积极性为主，然后按乒乓球后备人才培养标准逐步培养青少年学生的乒乓球素养，切记不可拔苗助长，否则会影响青少年学生在乒乓球运动生涯中的持续发展。

### (二)完善发展机制

校园乒乓球的发展受到诸多因素的影响，要保证各要素体系畅通无阻地运行，从而使校园乒乓球后备人才培养工作的开展也更加顺利，就要加快推进校园乒乓球发展机制的完善，具体从优化内部机制和创建良好的外部环境两方面着手。

#### 1. 优化内部机制

优化改革校园乒乓球教学方法与手段，加强对校园乒乓球教学方法和教学组织形式的创新，借助现代教育技术和互联网技术构建智能化的教学平台，将方便易操作的教学媒体与智能设备引进乒乓球课堂教学中，营造良好的乒乓球教学氛围。乒乓球课堂教学要针对不同学生的个体差异而体现出个性化和区别对待，要针对不同的学生提出不同的教学与培养目标，教学形式也要丰富多样，吸引大量青少年学生主动成为校园乒乓球参与者，在扩大乒乓球人口基数的基础上对有天赋的好苗子进行选拔，重点培养。

加强对校园乒乓球课程的改革，将文化元素融入乒乓球课堂教学中，培养学生的乒乓球文化素养，使学生树立正确的乒乓球参与理念，遵守乒乓球基本文化礼仪。此外，还要挖掘乒乓球课程的深层文化内涵，反复强调育人的本质与宗旨，加强对学生体育核心素养的培养，使学生形成正确的健康观、体育观，积极主动地参与乒乓球教学和其他活动。

学校要对内部体育教育工作机制予以完善，建立健全体育教学监管与评价体系，监督小组中不仅要有学校有关部门的工作人员，还要有学生家长、政府部门人员以及社会单位或组织人员，监督小组对校园乒乓球的开展情况定期监督，及时反馈和纠正错误，同时也要构建内部预警机制，提前预测与防范在校园乒乓球发展及学校乒乓球后备人才培养中可能出现的问题。在关于校园乒乓球开展成果的内部评价中，既要有可量化的评价指标，也要有精神、文化层面的评价指标，从而全面评价校园乒乓球的开展情况，评价青少年学生在校园乒乓球参与中的身心变化、精神面貌变化。

2. 创建外部环境

创建良好的外部环境，营造浓郁的大众乒乓球氛围，在良好的大环境下烘托学校乒乓球文化氛围，使学生在氛围良好的环境中主动认识乒乓球，接近乒乓球，积极参与乒乓球，并号召其他同学一起运动，一起打球。

校园乒乓球活动的开展还需要社会力量的参与和支持，社会企事业单位和学校联合组织形式多样的乒乓球活动，包括商业活动、赛事活动等，为校园乒乓球的发展开发广阔的市场，刺激消费，并进一步促进校园乒乓球基础配套设施的完善。

政府在政策上鼓励校园乒乓球的开展，从制度上规范与引导校园乒乓球活动的有序开展，并鼓励更多的社会力量积极参与校园乒乓球工作。政府出台的相关政策主要涉及专项经费、基础设施建设规格等内容，这些政策对校园乒乓球的发展都具有重要意义。

乒乓球运动本身就充满竞技元素，要深入挖掘这项运动的竞技精神文化，通过校企合作的形式开展丰富的校园乒乓球活动，培养学生的体育精神，如互相帮助、团结协作、合理竞争、尊重他人、顽强拼搏、努力进取等，这些精神与品质能够使青少年学生终身受益。

## 二、优化选材指标，提高选材效益

### （一）优化选材指标

大部分乒乓球教练员根据运动成绩进行选材。科学指标、身体素质、心理素质、文化成绩被教练员作为选材的辅助因素，文化成绩占比非常小。体教融合强调学生运动员全面综合发展。因此，要充分认识科学选材的重要性，制定完善的乒乓球后备人才科学选材指标体系。这需要做好以下两方面的重要工作。

第一，通过培训、外出学习等方式提高教练员的科学选材能力。

第二，在选材过程中，优先选择各项素质兼优的好苗子。对学生技术水平、身体形态和身体素质进行测试的同时，也要注意对运动心理指标和文化水平的测试，应根据学生学龄段进行相应的文化测试。

### （二）充分利用科学技术进行选材

开发和利用互联网科学技术，建立乒乓球后备人才选材工作室，引进相关科研人员，建立后备人才档案，定期对学生运动员进行测试和评估，对优秀队员进行跟踪监测，为未来选材和训练提供经验和依据。

## 三、优化后备人才培养体系

### （一）培养理念

乒乓球后备人才各培养单位要从根本上重视确立正确的培养理念，不能只培养后备人才的专项乒乓球技能而忽视对其他素质的培养，要全面培养乒乓球后备人才的综合素质，提升乒乓球后备人才的综合实力。

### （二）培养目标

不管是哪种乒乓球后备人才培养模式，在培养目标上有相似性，即提升乒乓球后备人才的基础素养、技战术能力以及综合素质，促进文化学习与技能训练的全面发展。构建乒乓球后备人才培养体系，要对培养目标把好关，努力培养既有良好文化知识素养又有突出专项技能水平的球员，尽可能培养与提升乒乓球后备人才的综合素质，使其全方位发展。这并不意味着要求乒乓球后备人才各方面的素质均衡发展，各种素质的培养要有一定的侧重点，最终目标是全面发展和专项技能突出。只有明确了目标，才能明确培养重点，选择适宜的培养方式，理清培养脉络与思路，提高人才培养的效率。

### （三）培养方式

培养优秀的乒乓球后备人才，不能忽视文化教育，要充分发挥校园培养模式在培养乒乓球后备人才方面的重要作用，在该模式的运行中，要将义务教育重视起来，不要过早对青少年学生进行专业化训练。俱乐部培养模式要与相应阶段的教育和中学教育做好对接工作，在学校完成文化素质教育，正常上文化课，由俱乐部负责训练和比赛。社会上的业余乒乓球培训机构以培养青少年儿童的乒乓球兴趣和普及乒乓球运动为主，主要由乒乓球传统学校、乒乓球俱乐部负责培养职业运动员。

## 四、开发赛事资源，提供更多的参赛机会

比赛是对训练成果的检验，参加比赛并取得好成绩是训练的直接目标。在许多情况下，比赛被当作一种重要的训练手段。体育和教育部门要整合各类青少年乒乓球赛事，建立分学段、跨区域的青少年赛事体系，利用周末组织校际比赛、假期组织跨区域及全国性比赛，开发赛事资源，为学生提供更多比赛机会，丰富学生的参赛经验，提高学生的技战术水平。

# 第四节　国外乒乓球后备人才体教融合培养模式与启示

随着竞技体育的不断发展，各国越来越重视对体育后备人才的培养，并在后备人才培养中树立体教融合理念，深化体教融合改革，取得了良好的人才培养效果。国外采用体教融合模式培养乒乓球后备人才较为成功的国家主要是日本。近年来，日本乒乓球运动员在国际赛事中的表现可圈可点，取得的成绩也是有目共睹的，这足以说明日本竞技乒乓球的发展非常迅速，已然成为中国乒乓球队在国际乒乓球大赛中最为强劲的竞争对手了。日本竞技乒乓球的成功离不开对后备人才的培养，尤

其是体教融合的培养模式使日本在培养乒乓球后备人才方面取得了良好的效果。下面具体分析日本乒乓球后备人才的体教融合培养模式，从中总结成功经验，为我国完善体教融合培养模式和提高人才培养质量提供借鉴与参考。

## 一、日本乒乓球后备人才体教融合培养模式的特点

日本在培养乒乓球后备人才方面，始终秉承着体教融合的方针政策，随着体教融合理论研究的不断深入和实践经验的不断积累，体教融合培养体系逐渐完善，形成了以中小学为基础的大范围普及、小范围精英塑造，坚持“从学校中来、到学校中去”的培养路径，依托学校构建文化教育与运动训练兼顾的“一条龙”梯队建设体系、定期举办系列赛事、开展各级各类选拔与集训、组建 U 系列国家队等培养举措选拔和培养优秀乒乓球后备人才。[①] 相比于我国传统的乒乓球后备人才培养模式，日本的体教融合培养模式具有明显的优势，值得我国学习与借鉴。

下面着重具体分析日本竞技乒乓球后备人才体教融合培养模式的几个重要特点。

### （一）依托学校建设“一条龙”梯队

#### 1. 中小学人才梯队建设

日本培养竞技乒乓球后备人才，始终将学校作为基础培养单位，以学校为依托。在小学阶段，学校所属社区的体育少年团是青少年课余训练的主要阵地，中小学时期，青少年进行乒乓球训练主要是在学校的乒乓球运动部。依托学校，日本建设了小学—中学（初、高中一贯制）“一条龙”后备人才梯队，源源不断地向国家乒乓球队输送人才，为日本竞技乒乓球的可持续发展奠定了人才基础。总之，中小学人才梯队建设构成了日本乒乓球后备人才梯队建设的“金字塔”的底端。

① 刘托，兰彤，贾雪峰．体教融合背景下日本乒乓球后备人才培养模式与启示[J]．沈阳体育学院学报，2021，40(3)：97-107.

2. 组建U系列国家队

日本乒乓球协会对U系列国家队的组建始于2008年，采取这一举措是为了培养低龄精英乒乓球后备人才。U系列国家队分不同的年龄段，各年龄段的后备人才队伍定期参加训练，以短期集中训练为主，训练地点主要是国家训练中心。通过这一举措，低龄有潜质的后备人才被选拔出来进行精英化培养，成效显著。组建U系列国家队构成了日本乒乓球后备人才梯队建设的“金字塔”的顶端（图3-3）。

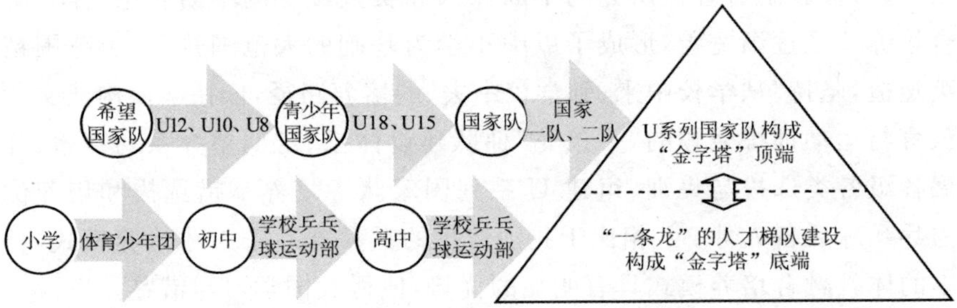


图3-3　日本乒乓球后备人才梯队建设①

## （二）依托学校采取一体化学训方式

1. 优秀教练员的加入促进了学校乒乓球训练专业性的提升

日本各级学校的课外体育活动非常丰富多彩，但普通体育教师的运动技能水平毕竟有限，不能满足指导学生参与课外体育活动的需要，更不能满足学生课余训练的专业指导需求。因此，日本有关部门提出允许外部教练员进入校园指导课外体育活动，鼓励学校课余训练外包。在国家的鼓励与支持下，日本各级学校都积极采取了课余体育外包的举措。此外，日本还提倡各级学校聘请俱乐部职业教练员、退役运动员对课外体育活动和课余训练进行专业指导。这不但可以使学校因体育教师专业能力有限而无法科学指导课余训练的问题得以解决，还能够为退役运

① 刘托，兰彤，贾雪峰．体教融合背景下日本乒乓球后备人才培养模式与启示[J]．沈阳体育学院学报，2021，40(3)：97-107．

动员提供就业机会，同时也促进了校园乒乓球训练专业性、科学性的提升，最终促进了训练质量的提升，对进行优秀乒乓球后备人才的培养具有重要意义。在专业教练员的指导下，青少年乒乓球后备人才的专业运动水平得到了有效提升。

2. 处理青少年乒乓球运动员的学训矛盾

日本在培养乒乓球后备人才的过程中，非常重视青少年的文化教育，青少年运动员必须接受义务教育，和普通中小学生学习同样的文化课程。如果有运动员因为参赛或训练而耽误了文化课学习，学校也会在训练和比赛结束后及时安排补课，尽可能使青少年运动员与普通学生保持同样的文化课程学习进度。

### （三）依托学校构建中小学竞赛体系

1. 遵循青少年身心发展规律

日本采取体教融合模式培养乒乓球后备人才还有一个非常重要的特点，即依托学校构建层层衔接的乒乓球竞赛体系，这充分体现了日本在培养乒乓球后备人才的整个过程中都贯穿了体教融合理念，形成了以赛促学、以赛促训的乒乓球后备人才培养机制，对选拔和培养优秀的乒乓球后备人才具有重要意义。日本依托学校构建的中小学乒乓球竞赛体系不同于我国教育系统和体育系统分别构建的相对独立的青少年乒乓球竞赛体系，前者相对而言更符合青少年的身心发展规律，也符合乒乓球运动对青少年后备人才身心素质的相关要求。

乒乓球后备人才大都处于青少年阶段，处于成长发育的重要时期，日本遵循青少年的身心发展规律构建校园乒乓球竞赛体系，对促进青少年身心健康发展、运动水平提升以及实践经验的积累具有重要意义。

2. 注重青少年运动员的文化教育

日本扎根于学校培养青少年乒乓球运动员，并依托学校构建青少年乒乓球竞赛体系。对青少年乒乓球运动员而言，学生是其第一身份，因而他们作为学生的文化教育问题也受到了高度重视。学校对青少年乒乓球运动员的文化学习、课余训练以及参加青少年比赛进行科学合理的安排，对相互之间的关系加以改善，尽可能减少矛盾与冲突。青少年运动员在学校接受系统的文化教育在日本已有明确的法律规定，从法律上保障了青少年运动员的受教育权，并从立法高度监督学校实施对青少年运动员的文化教育。注重青少年乒乓球运动员的文化教育也意味着兼顾文化学习与运动训练，在安排青少年乒乓球赛事时也要考虑学训关系，兼顾二者。

3. 允许低年龄段运动员跨组别参赛

日本依托学校构建青少年乒乓球赛事体系，该体系中对竞赛组别的划分主要遵循的是分年级、分年龄的原则，体现了比赛的公平公正性，避免同一组别的参赛双方因年龄差异而存在的实力差别，否则会影响比赛的公平性、对抗性和观赏性。但赛事管理部门也允许低龄运动员参加比自己所在组别更高的组别比赛，这主要是为了激发青少年乒乓球运动员的斗志，挖掘优秀的人才，提升青少年的竞技能力，丰富其实战经验。比如，小学阶段可以跨组别参加中学乒乓球比赛，日本优秀的乒乓球运动员伊藤美诚、张本智和等都有过这样的经历，张本智和甚至在小学阶段就参加了国际乒联举办的成人赛事，成为公开赛男单正赛史上最年轻的运动员。

## 二、日本乒乓球后备人才的体教融合培养模式对我国的启示

日本乒乓球后备人才体教融合培养模式的上述特点充分体现了体教融合培养模式的优势与可取之处，这些是值得我们学习与借鉴的地方。我国在乒乓球后备人才培养中，应结合国情、乒乓球运动发展的需要以及当前的培养现状，灵活学习与借鉴日本培养乒乓球运动员的经验。

### （一）进一步推动学校乒乓球的发展，深化体教融合

1. 普及校园乒乓球兴趣班或俱乐部

在中小学设立乒乓球俱乐部，或开设兴趣班，学校将一部分体育

经费用于购置乒乓球设施，改善校园乒乓球硬件资源条件。部分学校由于乒乓球教学条件有限，训练设施不足，专门的师资力量储备不够，因而不具备开设乒乓球俱乐部或兴趣班的条件。对于这类短期内有困难的学校，体育部门与教育部门要联合提供帮助，适当的时候允许校外乒乓球俱乐部进入校园，至于选择哪个乒乓球俱乐部进行合作，由学校自主决定。校外乒乓球俱乐部进入校园，能够促进乒乓球在校园的普及，为校园乒乓球教学与课余训练提供专业指导，培养青少年学生对乒乓球运动的兴趣，挖掘有潜力的青少年，培养优秀的乒乓球后备人才。

2. 鼓励校外教练员指导课余乒乓球训练

学校乒乓球教师往往理论教学经验较为丰富，但实战经验较少，所以在指导校园乒乓球课余训练时心有余而力不足，面对这一问题，教育部门应鼓励学校聘请外部乒乓球教练员，如职业乒乓球俱乐部的教练员、体校乒乓球教练员或退役乒乓球运动员，由专业教练员指导校园乒乓球俱乐部训练，为提高青少年的乒乓球运动技能提供保障。

3. 将文化课成绩纳入青少年乒乓球运动员考评指标体系中

青少年乒乓球运动员在基础教育阶段必须接受系统的文化教育，既要抓文化课学习，又要抓训练，处理好学训关系，协调二者的矛盾，不可偏废任何一方。鉴于当时我国乒乓球后备人才培养中出现的重训练、轻文化教育的现状，教育部门应对青少年运动员的文化课考核标准进行改革与优化，在青少年运动员综合考评中，将文化课成绩作为主要指标之一，文化课成绩不达标的运动员不予录用。这有利于激发青少年乒乓球运动员学习文化课知识的动机，强化学习动力，提高青少年运动员接受文化教育的积极主动性，提升文化学习效率。

（二）优化选材方式和训练模式

1. 集中开展青少年集训

开展集训对提升乒乓球后备人才的乒乓球核心技能素养具有重

要意义，在集训安排中，中国乒乓球协会可作为主要牵头者，国家乒乓球训练基地可作为主要训练场所，集中在中小学寒暑假进行短期集训，参与训练的青少年来自全国各地，这些有潜质的青少年运动员在优秀教练员的指导下进行集训，可提高乒乓球技能水平。在国家乒乓球训练基地进行集训，有助于创建良好的训练氛围，调动青少年训练的积极性。同时，参与集训也能为各地的优秀青少年乒乓球运动员提供相互交流、切磋和学习的机会，从而提高青少年乒乓球后备人才培养的综合效益。

2. 构建"以大带小"的赛训模式

我国乒乓球赛事体系中存在严格的组别壁垒，无论是国家一、二队，还是青少年队，组别壁垒牢不可破，这虽然保证了赛事的公平，但不利于不同年龄层级运动员之间的相互学习与交流。因此，有必要构建"以大带小"的赛训模式，允许优秀青少年乒乓球运动员同高年龄段或高水平乒乓球运动员同场训练或比赛。在世界乒乓球大赛的间歇期也可以为各地青少年乒乓球队提供与世界冠军近距离接触的机会，这主要应由国家乒协组织牵头。利用这次接触机会使世界冠军近距离指导优秀的乒乓球后备人才，将先进的训练理念和技战术方法传授给青少年，并用世界冠军的辉煌成绩激发青少年乒乓球运动员的斗志及其为国家荣誉而不断奋斗的宏伟志向。

### （三）完善青少年乒乓球赛事体系

目前，我国教育系统举办的全国性青少年乒乓球赛事只有全国中学生乒乓球锦标赛和全国体育传统项目学校乒乓球比赛，针对全国小学生乒乓球群体的赛事尚处于空白，亟待健全。同时，结合我国体育系统和教育系统现有的青少年赛事资源，通过设立不同组别的方式，让体育系统中的运动员以及教育系统的学生参与其中，以打破两个系统因参赛资格所造成的羁绊，进而提升赛事效率。

当前我国体育系统的青少年乒乓球赛事中，存在参赛者年龄掺假的现象，出现了"以大打小"的不公平现象。针对这一问题，可以采取分年龄、分年级的方式促进参赛者年龄透明化，保证青少年乒乓球竞赛更加公平公正。在此基础上鼓励低年龄段运动员跨组别参赛，以有效提升青少年运动员的竞技能力。

总之，在当前我国大力提倡体教融合的新时代背景下，吸收与学习日本乒乓球后备人才体教融合培养模式的成功经验，对完善我国乒乓球后备人才培养模式、提升乒乓球后备人才培养质量具有重要的现实意义。

# 第四章　体教融合视域下乒乓球后备人才文化素质的培养

乒乓球后备人才是乒乓球运动发展的第一人力资源，后备人才的综合素质对乒乓球运动的发展实力有决定性影响。其中，文化素质作为最基础的素质，又会对其他素质的形成与发展产生关键影响。因此在乒乓球后备人才培养中，要注重对文化素质的培养，加强文化教育，不断提高乒乓球后备人才的文化学习能力。与此同时，还要加快发展校园乒乓球运动，深入改革校园乒乓球教育教学，充分发挥学校的育人作用，为我国选拔与培养基础扎实、综合素质高的青少年后备人才开创一条行之有效的路径。本章着重对体教融合视域下乒乓球后备人才文化素质的培养展开研究，对面向青少年乒乓球运动员进行文化教育、面向普通青少年学生进行乒乓球教学提供科学的指导。

## 第一节　文化教育对乒乓球后备人才竞技能力发展的影响

### 一、文化教育和乒乓球后备人才的技术、战术能力

培养乒乓球后备人才的核心技能素养，也就是技术能力与战术能力，对后备人才的智力水平、文化知识水平提出了一定的要求。文化水平高、逻辑思维能力强的青少年在乒乓球技战术学习与训练中更占优势，他们能够对专项技战术有更准确的认识与深入的理解，并按科学规

律和方法去掌握技战术，进而在比赛中对各项乒乓球技战术加以灵活有效的应用，以达到相应的目的，取得良好的比赛成绩。

### 二、文化教育和乒乓球后备人才的心理素质

乒乓球后备人才掌握丰富的科学文化知识和专业的乒乓球知识，能够在运动心理训练和心理素质培养中有更好的表现，有助于提高心理训练效果，塑造良好的心理素质。乒乓球后备人才心理素质的提升当然也离不开丰富的实践，青少年边学习文化知识，边实践，积累理论知识与实践经验，使心理素质的发展得到双重保障。

当前，乒乓球比赛竞争越来越激烈，攻守转换越来越频繁，乒乓球后备人才在激烈的比赛中，基于充足的知识储备和丰富的实践经验，表现出较强的心理素质，能够理性分析赛事，洞察细节，并迅速决策和采取行动，整个过程中表现得较为从容、灵活。这样也能给对手带来心理上的压力，从气势上压倒对方。

## 第二节　乒乓球后备人才文化学习能力的培养

### 一、转变学习态度

对青少年乒乓球运动员来说，第一身份是学生，运动员是一个职业身份，学生是作为受教育者的一个角色，学习是学生的权利和义务。青少年乒乓球后备人才有运动天赋，有打球的兴趣，立志成为优秀的乒乓球运动员，这是值得肯定和鼓励的，有关部门要积极培养这类人才。青少年虽然平时参加乒乓球训练、比赛会占用一定时间，但还是要以学习为主，不能只想着训练和比赛，而对文化课置之不理。青少年必须转变重训练、轻文化学习的态度，认清自己的学生身份，接受文化教育，学习文化知识，这有助于提升学生的文化素养，为参与乒乓球训练和比赛打好基础，也有利于将来有更多的就业选择和机会。

## 二、培养学习兴趣和习惯

乒乓球后备人才对乒乓球的兴趣是毋庸置疑的，因为有兴趣，所以有参与动机和热情，这是他们主动参与乒乓球训练的主要原因之一。对比而言，文化课并没有像乒乓球运动那样吸引学生的注意力，学生因为对文化课程不感兴趣而没有形成主动学习的意识和行为习惯，这不利于学生文化知识水平的提高，也会对其乒乓球技能的发展与比赛表现造成制约。因此，在乒乓球后备人才文化教育中，必须注重对青少年文化课程学习兴趣的培养，提高他们的主动学习意识和自主学习能力，使其养成像参与乒乓球训练那样积极主动地学习文化知识的好习惯。

## 三、制定恰当的学习目标

要培养青少年乒乓球后备人才的学习兴趣，激发其学习热情，就要为他们制定经过努力后可以实现的学习目标。青少年后备人才的文化学习目标应具有个性化、针对性，要从青少年的文化基础、学习能力出发制定符合他们个性特征的学习目标，目标以短期目标为主，使学生经过努力学习后能够看到实实在在的学习成果，这样也有利于激发他们持久学习的动力，使其一步步朝着长远目标努力，在坚持不懈地学习中获得丰富的文化知识，提高文化素养，并培养他们将文化知识运用于实践中的能力。

## 四、合理选择教学内容

乒乓球后备人才既要学习，又要训练和参赛，他们在文化学习中很难百分百投入其中，最终导致其文化基础落后于普通学生。对此，面向乒乓球后备人才的文化教育应该与面向普通学生的文化教育有所区别，尤其是在教学内容上要有区别，教学内容一般都是按教学大纲来安排，但是面向不同文化基础的学生要有选择地安排不同的教学内容，也就是说学生运动员和普通学生的学习内容可以不同步，而且在教学中教师可以适当降低难度和要求，使青少年运动员乐于接受教学内容，循序渐进地提高学习效果，而不会因为学习内容太难而产生排斥心理。

### 五、选择合适的学习方法

随着现代教育的不断发展，学习方法越来越成体系，各种学习方法层出不穷，为学生学习提供了更多选择的空间。无论哪种学习方法，都有自己的独特性，既有优点，也有不足，所以不能片面地评价一种学习方法是优是劣，也不能简单地说哪种方法最好，但可以说哪种学习方法是现阶段最适合某个学生的。青少年乒乓球后备人才在文化学习中，面对众多学习方法，难免会不知所措，尤其是文化基础较差的青少年运动员，他们不知道该如何学，从哪开始学，因此，教师必须重点加强对这部分学生的引导，根据学生的实际情况帮助他们选择最合适的学习方法，只有选对了学习方法，才能获得理想的学习效果，否则只能是事倍功半，严重打击学生学习的积极性。总之，寻找合适的学习方法，对学生，尤其是青少年运动员而言至关重要。这也是乒乓球后备人才文化教育和文化学习能力培养中文化课教师必须关注的一个重点。

## 第三节 乒乓球文化教育的改革与发展

在体教融合背景下培养乒乓球后备人才，需要发挥学校的育人作用，重视校园乒乓球教学的开展，加强乒乓球教育教学的改革与创新，提高青少年对乒乓球的兴趣，培养学生的乒乓球文化素养与技能水平，为选拔与培养乒乓球后备人才奠定基础。

### 一、树立正确的教学理念

#### （一）健康第一理念

在时代不断进步、经济迅猛发展的今天，我国对人才的要求越来越严格，对全面型人才的需求持续增加，因此学校教育在培养人才方面越来越注重全面发展。学生作为国家的栋梁和民族的希望，承担着很大的学习压力和就业压力，他们的时间被学习、筹备工作占满，而没有多余的时间参加体育锻炼，最终导致学生体质健康水平逐渐下降。而且很多普通学校对体育教育重视程度不够，对学生体育活动的举办也没有给予足够的支持与鼓励，而且组织体能测试也只是浮于形式，所以说学生的健康无法得到充分的保障。健康是奋斗的“本钱”，如果身心不健康，是没有精力奋斗的，最终也没有能力为祖国建设贡献力量。为了更好地培养全面型人才，推动国家现代化建设，学校要树立“健康第一”的教学理念，在这一教学理念下制定乒乓球教学政策，加强乒乓球教学改革与创新，高度重视在乒乓球教学中对学生健康体质的培养，为国家培养身心健康、专业突出、全面发展的栋梁之材。

### （二）人本教育理念

人本主义理论的核心思想是，我们要以人性为中心来探讨技术性因素的发展，然后促进人与自然环境、社会环境的和谐发展。人本主义思想体现了对人性、个性的尊重，对促进人的全面发展具有重要意义。现在，人本主义理论受到了广泛的认可，在很多领域都树立了该理念，在这一思想的指导下开展工作，教育领域同样如此。将人本主义理念引进教育领域，将该理念的核心思想与教育的特征相结合，从而形成了人本教育理念。

人本教育理念的基本思想是，教育活动是围绕学生这个核心而展开的，应该将教学活动的中心定位在学生角色上，而不是教师，要围绕学生这个中心角色的兴趣爱好、个性需求而设置课程，实施教学过程，要根据不同学生的不同情况而进行区别化、个性化教学，要将所有学生的潜能充分激发出来，促进每个学生健康与发展。

总的来说，人本教育理念尊重人的本质属性，并由此出发通过科学教育来满足人们的心理需求，实现人的个性化发展目标，促进人生命质量的提升，从一定程度上而言，这与全面发展的教育理念是非常契合的。

### （三）快乐教学理念

现代乒乓球教学如果缺少了乐趣，单纯严肃地讲解知识，传授技能，那么学生就会在漫长枯燥的教学中失去兴趣，最终影响教学质量。可见，开发乒乓球教学中的趣味元素，或将趣味元素融入乒乓球课堂，提高教学的趣味性非常重要。这就需要在乒乓球教学中树立快乐教学理念，强调培养学生乒乓球兴趣和创造力的重要性，让学生的身体素质、乒乓球技能在充满趣味、轻松活泼的氛围中得到提升。

在乒乓球教学中树立快乐教学理念，要求乒乓球教师将原来运动教学中的一部分用情感教学替代，在培养学生健康体质、运动技能的同时注重学生人格的培养与健全，同时要使学生树立自觉学习、乐于学习的学习观，在乒乓球学习过程中享受乐趣，领悟奥妙。为了提高乒乓球教学的趣味性，吸引学生的学习兴趣，乒乓球教师还要重视对传统教学方法的改革，适当设计一些游戏教学方法来活跃课堂氛围。

## 二、严格遵循基本教学原则

### （一）师生协同原则

乒乓球教学中，教师的教与学生的学密切相关，相互影响，整个教学过程也可以看作是教师与学生频繁互动、协同完成教学任务的过程。鉴于乒乓球教学的这一特征，在教学中贯彻师生协同原则非常必要。在学校乒乓球教育中，既要承认与尊重教师的主导地位，也要高度重视与尊重学生的主体地位，乒乓球教师发挥的主导作用与学生主体的能动性相互促进与协调，要特别强调学生发挥主观能动性对提高教学效果的重要性。

在乒乓球教学中贯彻师生协同原则，要做到以下几点。

(1)乒乓球教师与教学对象之间要建立良好的关系。

(2)乒乓球教师要使学生掌握适合自己的学习方式，将其学习的主动性与积极性调动起来。

(3)教学生动有趣，氛围和谐活泼，师生互动体现出民主性。

(4)师生平等对话，提高互动质量。

### （二）启发创造原则

在学校乒乓球教育中，教师不仅要传授乒乓球知识与专项技能，培养学生的乒乓球理论与专项能力，还要开发学生的智力，培养学生的意志品质，丰富学生的情感，提升学生的创造力。要完成这些培养目标，就要贯彻启发创造原则，在教学过程中创设情境，设计问题，鼓励学生自主思考，独立或合作解决问题。这也是素质教育的要求。

在乒乓球教学中贯彻启发创造原则，要做到以下几点。

(1)将学生的学习动机和热情激发出来，培养学生探索与创新的积极性。

(2)将培养学生的思维能力作为教学目标之一。

(3)设置适宜的、能够启发学生自觉思考的问题情境。

### （三）理论联系实际原则

学校乒乓球教育不能只停留在课本的理论层面，还要结合学生实际情况、学校教学条件以及地方相关政策来开展教学工作，将理论与多方面实际充分结合起来，提高乒乓球教学的实效性。

在乒乓球教学中贯彻理论联系实际原则，要做到以下几点要求。

(1)适当增加乒乓球理论课教学时数，培养学生的乒乓球理论知识素养。

(2)恰当联系学生和学校实际来实施教学内容，完成教学任务。

(3)在教学中培养学生将理论知识运用到实践中的意识与能力。

## 三、优化校园乒乓球教育环境

### （一）优化物质环境

第一，国家和地方政府要提高对体育教育的重视，从财政与政策上支持学校体育的发展，解决学校体育教学中经费短缺、硬件条件差的问题。

第二，学校作为体育教育的主阵地，要对上级部门下拨的体育经费予以合理分配与使用，根据实际情况在乒乓球教学中投入一定数额的经费，改善学校乒乓球物质环境，修建专业场地，购置专门器材，并加强对硬件设施的维修与管理，提高利用率和使用寿命，满足学生的基本需求。另外，除了向上级部门争取教育经费外，学校还可以利用自身的教育资源优势来解决体育教育的经费问题，面向社会多渠道筹集经费，如向社会企事业单位提供体育服务或体育场馆，获取一定的报酬等。

第三，作为乒乓球运动场地与器材的使用主体，乒乓球教师与学生要自觉维护场地器材，合理使用，不得破坏与浪费。教师尽可能从现有乒乓球硬件条件入手安排教学，发挥现有硬件条件的作用，避免造成资源浪费。

### （二）优化心理环境

优化乒乓球教学心理环境要从以下几方面入手。

第一，学校重视建设与完善体育教学制度，促进学生思想意识的提升，为和谐人际关系的形成提供良好的环境，巩固师生关系。和谐关系的形成可以提高学生参与乒乓球课堂教学的兴趣与积极性，新型师生关系的建立还有助于促进乒乓球课堂氛围的改善，使师生在轻松愉快的氛围中共同享受乒乓球运动带来的喜悦。

第二，学校要特别关注与重视内部环境建设，促进内部环境建设与外部环境建设相互补充、相辅相成，利用外部优势环境资源落实学校精神文明建设，形成良好的校风。

第三，学校是最接近社会环境的教育单位，很容易受到社会风气的影响，所以要自觉利用良好的社会风气来推动内部环境建设，发挥社会因素在学校乒乓球教学心理环境建设中的积极作用，同时也要自觉抵制不良社会风气的侵蚀，主动屏蔽不良社会信息，防止乒乓球教学心理环境受到不良因素的侵蚀。

### （三）加强校园乒乓球文化建设

在学校乒乓球教学环境的创建与优化中，还要重视对校园乒乓球文化的科学建设，将校园乒乓球文化与乒乓球教学活动结合起来，将文化要素融入教学中，从而提高学生的乒乓球文化素养，使其更加深刻地领悟乒乓球运动的精神与魅力。为创造良好的校园乒乓球文化环境，学校应做好以下工作。

第一,开展丰富多彩的校园乒乓球活动,鼓励学生参与,在活动中渗透乒乓球文化因素,形成良好的运动氛围。

第二,成立校园乒乓球俱乐部或社团,传播乒乓球文化,宣传乒乓球锻炼指南,使学生随处感受乒乓球文化的魅力。

## 四、改革乒乓球教学方法

### (一)采用多样化的教学方法与手段

在学校乒乓球教育中,乒乓球教师要明确教学目标,依据教学目标科学选用教学方法与手段。乒乓球教学作为体育教学内容之一,其实践性很强,一些传统教学方法存在理论与实践不符且二者差距明显的缺陷,再加上教学方法比较单一,导致教学效率低下,教学质量下滑。针对这个问题,乒乓球教师要根据学校条件采用丰富的教学手段,教学方法的运用要体现出多样化,以提升学生对乒乓球课的兴趣。同时,有必要将多媒体教学手段引进乒乓球课堂教学中,借助多媒体手段使学生充分理解乒乓球技术原理,在教学视频的慢放与回放中使学生掌握动作细节,全面掌握乒乓球技术的每个环节,提高学生学习的稳定性与专业性。

此外,因为乒乓球教学的技巧性也比较突出,而且一些动作完成时有些难度,因此要求乒乓球教师能够适当简化一些教学方法,使简化后的教学方法更符合学生的认知能力,更易被学生掌握与运用。

总之,传统单一的教学方法与手段严重影响了乒乓球教学效果,因此教师要重视将丰富生动的多媒体手段运用到课堂中,发挥多媒体教学手段的特色与优势,以培养学生的学习兴趣,提高学生的学习效果。

### (二)寓教于乐

乒乓球技术内容丰富,而且随着技术的不断更新,技术的多样性、先进性越来越突出,这就要求在学校乒乓球教育中采用丰富先进的教学方法实施教学。除了多样性、先进性外,乒乓球还具有娱乐性,是学生愉悦身心、休闲放松的活动内容。这就要求在乒乓球教学中采取一些活泼有趣的教学方法来营造活跃的课堂氛围,贯彻寓教于乐的教学原则,以吸引学生的关注,激发学生的好奇心与积极性,使学生在轻松欢快的课堂氛围中锻炼身体，放松心理，掌握技能，提高思维能力，实现全面发展，提升教学效果。

秉着寓教于乐的思想与原则实施的乒乓球教学方法，不能刻意弱化技术教学难度，或者直接不教有难度的技术，这些做法都是不负责任的表现，不能为了娱乐而娱乐，寓教于乐最终也是要服务于教学效果和教学目标的。因此，乒乓球教师要善于开发与设计一些娱乐性的教学方法，如游戏教学法、比赛教学法等，在能够激发学生兴趣的课堂氛围中充分激发其主观能动性，使其通过参与乒乓球游戏与比赛而掌握乒乓球技战术，形成良好的竞争与合作意识，并提升体育道德水平。

### （三）注重对教学内容的分解及对教学方案的精练

在学校乒乓球教育中，乒乓球技术是主要教学内容，培养学生的乒乓球技术能力是主要教学目标之一，是运动技能领域教学目标的重要体现。为了达到这一目标，乒乓球教师要对不同难度的乒乓球技术进行分类，然后根据各类技术内容的特征与真实难度来制订相应的教学方案，使学生由低到高逐步掌握不同难度的乒乓球技术，在各个阶段的学习中以相应的教学方案为指导，有方向、有目的地学习。此外，分解教学内容还要注意对不同难度技术的动作进行分解教学，简化高难度技术动作，便于学生掌握。

不同学生的认知能力、思维能力、身体活动能力以及乒乓球运动基础都有一定差异，因此乒乓球教师要适当精练教学方案，针对不同水平的学生制订不同的方案，不管是教学目标还是教学方案，都要体现出层次性，以科学指导不同水平、不同层次学生的学习，使所有学生都能在原有水平的基础上有所进步，提升到更高的层次与水平。

# 第五章 体教融合视域下乒乓球后备人才身心素质的培养

在体教融合视域下培养乒乓球后备人才，要将文化教育与竞技能力的培养结合起来。乒乓球后备人才竞技能力体系中，身心素质是基础，技战术能力是核心。培养乒乓球后备人才的竞技能力，首先要培养身心素质，为核心素质的培养和竞技能力的提升奠定基础。在乒乓球后备人才身心素质培养中，除了要单独开设体能训练课、心理训练课，结合乒乓球专项特征进行专门的身心训练外，还要在技战术训练中适当融入身心素质训练，将身心素质培养与核心技能素质培养结合起来，促进各项素质的协调发展。本章主要对体教融合视域下乒乓球后备人才身心素质的培养进行分析，提出切实可行的培养与训练方法，以提高乒乓球后备人才的一般体能素质、专项体能素质以及运动心理水平。

## 第一节 乒乓球后备人才身体素质的训练与培养

### 一、力量素质训练

力量素质是最基础的一项运动素质，力量素质的提升不仅能够改善身体形态结构，促进能量代谢，提高神经系统功能水平，而且能够积极影响和促进其他运动素质的发展，进而提升技战术水平。因而在乒乓球后备人才体能素质培养与训练中要以力量素质训练为基础，先打好体能基础，然后进行其他运动素质的培养与训练，在力量训练中要注意结合乒乓球专项特征进行专门力量练习，并适当与其他运动素质结合起来训练。

### （一）力量素质训练原则

发展肌肉力量的手段主要是力量练习法，力量训练形式丰富，手段多样，既能单一练习，也能组合练习、成套练习，形成了较为完善的力量训练体系。力量训练包括快速力量训练、最大肌力训练、力量耐力训练、爆发力训练等内容，从运动生物学理论出发，在全面增强肌力的力量素质训练中要贯彻以下几项基本原则。

#### 1. 系统性原则

面向乒乓球后备人才的力量训练应该在全年训练计划中进行系统性安排，从而持久有效地增加肌力。如果中途放弃，就会导致肌肉力量减退，之前的训练效果消失。

#### 2. 递增负荷原则

从运动生物学的角度来看，运动训练的过程根本上就是运动员在重复不断的训练中机体从不适应到适应的循环往复的过程，一旦运动员适应了某一力量负荷，就要采取新的力量负荷进行训练，在原有负荷的基础上通过增加练习次数、器械重量、练习时间来加大负荷刺激，进一步提升运动员机体的适应能力。

#### 3. 针对性原则

乒乓球后备人才肌力训练包括身体不同部位的训练，在某个部位肌肉的训练中，要在该肌肉部位施加适当的负荷，并使肌肉收缩方向与负荷阻力方向相反，这样才能达到针对性训练的效果。

#### 4. 专门性原则

在设计乒乓球力量练习动作和操作方法时，要参考乒乓球专项特征，尤其是专项技术动作的结构特征，进行专门性训练，从而使乒乓球后备人才产生积极的运动性应激反应。如果力量练习方法不符合乒乓球动作结构特征，那么即使后备人才经过训练增强了力量，也难以转换为乒乓球专项力量，无法从根本上解决一些力量性技术问题。

5. 肌力平衡原则

肌肉有主动肌和对抗肌之分，这两者肌力之间的平衡状态就是所谓的肌力平衡。从更广泛的角度而言，人体上下肌群力量的相对平衡和左右肌群力量的相对平衡也可以称得上是肌力平衡。平衡和相等不是一个概念，平衡是对应关系，乒乓球后备人才肌力平衡有助于进一步熟练掌握乒乓球技术，并能有效预防运动损伤。因此在乒乓球专项力量训练中要贯彻肌力平衡这一重要原则。

### （二）一般力量素质训练

1. 上肢力量训练

（1）单臂握哑铃屈伸

练习者坐在训练凳上，双脚与肩同宽，用一只手直臂抓住哑铃，肘部靠近大腿位置，另一只手放在凳子上，屈臂举哑铃，屈臂时呼气，反复训练。在训练的过程中，手臂屈伸的幅度不要过大，上体稍微向前倾。

（2）双手握杠铃屈伸

练习者站立，双脚与肩同宽，双手反握杠铃，屈臂将杠铃举至胸前，随后还原成开始姿势，反复进行训练。在训练过程中，注意保持身体正直，收紧腰部。

（3）仰卧两手举杠铃屈伸

练习者仰卧在训练凳上，双脚放在地面上，双手伸直抓住杠铃，屈肘，以肩部为圆心，两只手沿着半圆运动轨迹缓慢向下放杠铃，尽量向头后部延伸，随后还原成开始时的姿势。在举杠铃的过程中，注意保持身体的稳定性，不要向两侧晃动。

（4）单臂前举哑铃

练习者站立，两脚与肩同宽，双臂伸直，放在身体两侧，两手握住哑铃，保持身体正直，一只手臂放在大腿的前方或者稍外侧，另一只手臂向前举哑铃到与地面平行位置，两只手臂交替进行练习。在训练过程中，注意保持身体正直，同时手臂一定要伸直。

(5)胸大肌的训练

练习者坐在训练椅上，双脚与肩同宽，两手扶住训练器械的横把，前臂和腕部保持放松状态，双臂用力推动横把于体前，并还原成开始姿势，重复练习，在练习过程中，注意要抬头和直臂。

2. 下肢力量训练

(1)双手握哑铃进行下蹲起立

双脚分开站立，两脚间距与肩同宽，两只手臂在体侧伸直，两手持哑铃，挺胸收腹，吸气，下蹲至大腿与地面平行，并还原起始位置，动作完成后呼气。在练习过程中，注意目视前方，保持身体直立。

(2)负重深蹲

双脚与肩同宽站立，将杠铃放在颈后部，身体下蹲至臀部接近脚后跟，并回到起始位置，完成动作时呼气，反复练习。在深蹲过程中，脚尖要朝外。

(3)仰卧小腿屈伸

练习者仰卧在训练凳上，小腿向上踢出，膝盖伸直，并缓慢回到起始位置，反复练习。在练习过程中，保持臀部紧贴训练凳的坐垫，两臂自然放置，不要发力。

(4)站立提踵

两手握哑铃，身体正直站立，快速提踵，尽可能地抬高脚后跟，双腿伸直，还原成开始姿势，反复练习。在练习过程中，注意挺直站立，脚后跟抬到最高处时，停顿2～3秒。

3. 腹部力量训练

(1)斜板仰卧起坐

练习者仰卧在斜板上(斜板的角度应该在15°～45°)，两脚钩住训练器械，双手抱头，身体向上挺起，至坐起姿势，随后还原成开始姿势，重复练习。在练习过程中，注意保持身体的正直状态。

(2)悬垂举腿

双臂伸直悬垂于器械上，双腿并拢伸直，两手正握杠，上举双腿至胸部位置，保持2～3秒，随后缓慢还原成开始姿势，重复练习。在举腿的过程中，两只手臂不能发力。

(3)负重转体

练习者肩负杠铃，双脚开立，与肩同宽，双手间距要宽于两肩距离，手握杠铃，身体保持正直，慢慢扭转躯干，从一侧转向另一侧，变换重复进行练习。在转动过程中，要保持双脚不动，身体呈正直状态。

### (三)专项力量素质训练

1. 上肢力量训练

(1)徒手挥拍练习。

(2)持拍推球练习。

(3)持拍手进行掷远和扣球击远练习。

(4)持铁制球拍做各种挥拍动作练习。

(5)持轻哑铃做变速模仿削球练习。

(6)持轻哑铃连续模仿击球动作练习。

(7)持轻哑铃做变速模仿正手扣杀练习。

(8)持轻哑铃做变速模仿拉弧圈球练习。

(9)反握持哑铃弯举，同时做内旋动作。

2. 下肢力量训练

(1)采用杠铃负重半蹲，进行静力训练，用时 10～30 秒；半蹲，做侧滑步行进；下蹲，做慢速动力训练，用时 6 秒—6 秒—6 秒；蹲起，做慢速动力训练，用时 6 秒—6 秒—6 秒等。

(2)用杠铃负重，做侧跨步行进、左右跨跳、快速箭步上挺、提踵、双脚前后跳或左右跳、侧向交叉步行进等练习。

## 二、速度素质训练

速度素质是非常重要的体能素质之一，它有三种表现形式，分别是反应速度、位移速度和动作速度，这也是速度素质训练的三大内容。人体肌肉力量、中枢神经系统的调节能力对速度素质水平有决定性影响。

在乒乓球后备人才的各项体能素质中，速度素质的发展与其他几项运动素质相比是比较早的，从少儿时期就开始发展。早期的速度训练主要是培养基础速度素质，根据乒乓球专项特征，重点要进行快速反应能力、快速击球能力的训练。在体能训练课中，不同体能素质训练的时间点不同，速度素质训练常常安排在开始部分，使后备人才在体能充沛的状态下进行速度训练，有助于提升训练效果。

### （一）速度素质训练原则

在乒乓球速度训练中，要科学合理地实施练习方法，安排练习负荷，调整训练方法，从而提升训练效果。在运动生理学视角下，乒乓球速度训练要遵循以下要求与原则。

#### 1. 符合人体生长规律的原则

不同体能素质发展的敏感期有差异，各项运动素质发展的敏感期出现在人体生长发育的不同阶段。在乒乓球速度训练中，要按照人体生长发育规律，抓住后备人才速度素质发展的敏感期，在敏感期阶段加强速度训练，再加上先天基因的配合，能够快速提升速度水平。

#### 2. 符合快肌纤维发展规律的原则

在运动生理学视角下，速度素质水平在很大程度上受到快肌纤维的影响。在乒乓球速度训练中，要依据快肌纤维的发展规律来设计和选用训练方法，有效发展快肌纤维和速度素质。以快肌纤维的发展规律为依据进行具有针对性的速度训练，能够给人体快肌纤维带来以下积极影响。

第一，增加快肌纤维的横断面。

第二，增强快肌纤维的无氧代谢能力。

第三，改变快肌纤维类型。

当乒乓球后备人才的快肌纤维得到以上几方面的发展与完善后，速度素质能够得到有效的提升。

#### 3. 与专项特点相结合的原则

乒乓球后备人才的速度训练必须与乒乓球专项特点有机结合起来，

如果速度训练不符合乒乓球专项特点，那么后备人才获得的速度不会转移为专项竞技能力的一部分。因为简单的快速动作练习和人体植物性神经系统活动之间的联系不是必然存在的，运动员速度水平的提升是以快速动作为前提的，在快速动作练习的基础上，要通过结合乒乓球专项特点的训练将获得的速度能力与乒乓球运动特有的神经系统活动的表现形式有机结合起来，按照乒乓球项目特点进行专项速度练习，强化训练过程中感受器官与运动器官的一致性，提升专项速度训练效果。

例如，在反应速度练习中，乒乓球后备人才应把目光移动与身体运动结合起来，把自己的步法动作、击球动作与目测对手运动的观察力结合起来，经过长期重复训练，能够促进反应速度和动作速度的发展，从而在比赛中快速反应、成功完成击球动作。

### （二）一般速度素质训练

1. 反应速度的训练

（1）双人抛球＋俯卧撑

①在垫子上做好跪姿准备，手持实心球，给同伴传球，然后双臂自然支撑做一个标准的俯卧撑动作。

②从俯卧撑还原到跪姿，接同伴回传的球，再传球，做俯卧撑，反复练习。

注意练习时速度要尽可能快。

（2）对墙高抛

①面向墙壁，自然站立，两脚分开，双手拿一个实心球。

②迅速屈膝，重心放低，然后一边起身一边将实心球高高抛向墙壁，抛球后全身伸展。

③反复练习，计算规定时间内的抛球次数。

需要注意的是，练习过程中背部肌肉始终保持适度紧张状态，屈膝下蹲后要做标准的深蹲姿势。

（3）单臂支撑＋俯卧撑

①做标准的俯卧撑预备姿势，手臂弯曲，身体笔直。

②手臂伸展，身体上抬，一手放在实心球上，再继续做俯卧撑，主要

用支撑手臂的力量来完成动作。

③支撑手臂将身体撑起后离开地面，手的高度和实心球上端齐平。然后有控制地放下，再继续发力支撑身体并离开地面，这个过程中支撑手臂要用爆发力快速将身体撑起并离开地面。

需要注意的是，支撑手臂接触地面的时间要尽可能短，触地后立即爆发式推离地面。

(4)爆发式斜拉

①在一条安全杆上挂一根直径5厘米左右且表面比较粗糙的绳子，为了安全起见，也可以从安全钩中穿过绳子。

②练习者伸展手臂，双手用力将绳子拉住，身体向后倾斜，与地面保持45°夹角，身体充分伸展，背肌收紧。

③练习者快速用力拉动绳子，将自己的身体拉起来。

反复练习。

(5)剪式跳跃

练习方法：

①两脚前后错开，稍屈膝、屈髋。

②用力蹬地向上纵跳，空中交换两脚前后位置，落地后也保持两脚一前一后的姿势。上身始终保持挺直状态。

反复练习。

变换练习：

①分腿纵跳，拉大两腿前后错开的距离，落地后屈膝，重心调低一些，以增加练习强度。

②移动跳跃练习。

(6)团身跳跃

练习方法：

①两脚开立，目视前方。

②向后摆臂，同时屈膝、屈髋，重心降低，下肢蓄力准备释放。

③向前摆臂，当手臂与身体两侧贴近时，髋、膝、踝关节依次伸展，两脚用力蹬地纵跳，膝盖尽可能向胸部靠近。

④落地后，两脚依然是分开姿势。

反复练习。可以规定练习时间，要求练习者在规定时间内尽量完成多次跳跃。

变换练习：

①按照上述方法跳跃，但落地位置与跳起位置不同，两个方向呈直角。

②跳跃后空中加转体动作。

③单腿练习，两腿交替。

④两腿伸直，上体前屈进行屈体跳练习。

⑤向前后方向或左右方向移动跳跃。

(7)障碍跳跃

练习方法：

①将标志桶、跨栏或箱子作为障碍物，练习者面向障碍物，身体直立，做好准备。

②屈膝、屈髋，身体重心下移，两脚同时蹬地向前跳起越过障碍物，两臂配合前后摆动。注意跳起时膝盖尽可能靠近胸部，以获得更大的向前跳跃的力量。

③两脚落地后屈膝缓冲，两臂在体侧维持身体平衡，然后充分伸展身体，还原准备姿势。

设置多个障碍物连续越过障碍，也可以规定练习者在跳跃后变换落地方向或落地后冲刺跑，以增加练习强度。

变换练习：

①单腿障碍跳。练习者用一侧腿完成障碍跳跃练习，具体练习方法同上，但初步练习时要选择高度较低的障碍物，随着练习水平的提升，慢慢调整为较高的障碍物，也可以直接使用可调整高度的障碍物，练习者根据自身情况调整高度。

②横向障碍跳。这是练习者横向从障碍物上跳过的一种练习方式。练习者的站位要侧对障碍物，然后下肢蓄力，纵身跳起，身体横向越过障碍物。两腿同时落地后注意屈膝缓冲，手臂摆动以维持平衡。也可以连续横向越过障碍物，不断加快速度，在规定时间内完成多次跳跃。

(8)横向蹬伸

①准备一个箱子或凳子，高度不超过膝关节，站位与凳子在一条直线上，临近凳子的一侧脚踩在凳子上，上体稍向前倾，远侧腿屈膝，身体重心降低。

②置于凳子上的脚快速有力地蹬伸，身体向上跃起，落地时之前置于凳子上的脚落地，另一侧脚踩在凳子上。

③再次向上跳跃，再换另一只脚踩在凳子上，如此反复练习。

需要注意的是，为了便于加快弹性反应或为快速反弹提供便利，落地时，后脚踝关节要绷紧。

(9)快速摆动

①练习者与同伴面对面站立，两脚分开，稍屈膝下蹲，目视同伴。也可以做专业的拳击准备动作。

②同伴手持大码拳击手套或泡沫球棒攻击练习者，从头部开始，注意控制力度，安全第一。

③同伴攻击过程中手中的工具始终是笔直朝向练习者的，攻击的方向是沿练习者身体的矢状面攻击。

④练习者全身闪动避免被同伴手中的工具攻击到，如攻击左侧，则移到右侧，攻击右侧，移到左侧。

两人互换角色反复练习。

(10)躲避训练

①练习者与同伴面对面站立，两脚分开，稍屈膝下蹲，目视同伴。也可以做专业的拳击准备动作。

②同伴手持大码拳击手套或泡沫球棒攻击练习者，从头部开始，注意控制力度，安全第一。

③同伴攻击过程中手中的工具始终是笔直朝向练习者或有一定的倾斜，攻击的方向是沿练习者身体的横切面或纵分面攻击。

④面对同伴的攻击，练习者快速躲避，但不是像快速摆动练习一样左右两侧躲避，而是从工具的下方钻过以躲避攻击。

(11)牵制对手

①将4个标志桶摆放在场地的四个角，四个标志桶围成的长方形长约75米、宽约18米。

②练习者在底线位置作好出发的准备姿势，三名同伴扮演人墙角色，与练习者面对面站立，同伴站成一条直线，便于牵动练习者。

③练习者通过反复侧移、后撤步来冲过人墙，向目标方向跑进。与此同时，作为人墙的同伴要尽可能前后左右移动来牵制练习者。

需要注意的是，三名同伴牵制练习者时必须保持移动方向的一致性，始终站成一排，不能各跑各的。

2. 动作速度的训练

(1)俯卧撑起击掌

练习者俯卧撑于地面,身体保持正直,缓慢屈肘,而后快速撑起身体并起来击掌,要快速完成动作,屈肘时身体要伸展。

(2)负重上下摆臂

练习者双脚左右开立,双臂于体侧伸直,双手持哑铃,掌心向内,直臂向体侧快速提起哑铃至头顶,随后沿原来路线慢慢返回,在练习时,双手要同时完成动作。

(3)原地高抬腿

练习者在听到口令后原地高抬腿,时间保持在30秒左右,在高抬腿过程中,大腿要抬至水平位置,上身不后仰。

(4)快速抓举

练习者下蹲,双手握住杠铃杆,随后髋部发力向上提拉杠铃,当杠铃接近最高点时降低身体重心,翻肩翻腕支撑,固定杠铃在胸上部,要快速完成动作,掌握翻腕支撑杠铃的最佳时机,腿部、髋部、躯干和肩部协调发力。

3. 移动速度的训练

(1)Z型跑(图5-1)

①将7个锥体按"Z"字形排开,相邻锥体间的水平距离和垂直距离适宜。

②练习者在起点处面向锥体做好准备,听到"开始"口令后向第一个锥体快速跑进,然后急停,再向第二个锥体快速跑,再急停……依次跑过所有锥体。

③练习者按同样的方法返回。

(2)跟随游戏

①两人一组进行练习,两名练习者的两个脚踝都系上一个橡皮筋,即用橡皮筋将脚踝连接起来。练习者间隔一定距离面对面站立。

②规定一人为进攻者,另一人为防守者,进攻者只能左右侧跨步移动,但可以变化进攻方向,防守者主要通过移动的方式躲闪进攻,可以侧跨步移动,也可以采用制动—起动的方式。

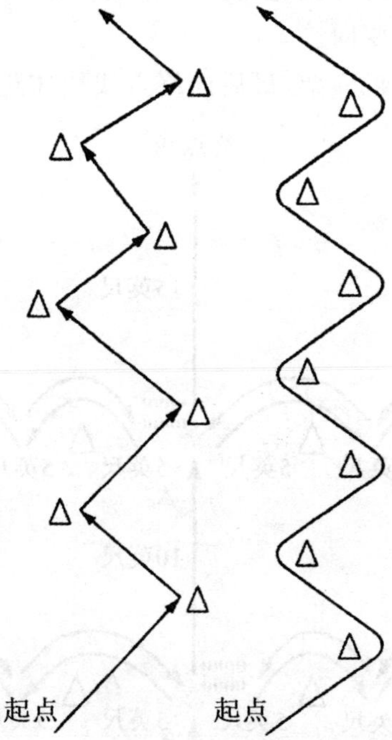


图 5-1　Z 型跑[①]

跟随游戏练习时间稍短，两次练习之间间隔稍长的休息时间，保证练习者体力恢复后再继续练习。这项练习中，练习者用脚尖支撑身体重心，放低髋关节，身体姿势要合理。

(3)跨越栏架(图 5-2)

①在跑道上将起跑线、终点线、跑进路线明确标出来。在跑道两侧摆两排小栏架，每排 4 个。

②练习者在 $A_1$ 处准备就绪，听口令快速起动沿跑道前进。

③在练习者即将到达第一排栏架时，教练员发出变向指令或用手势示意练习者变向，练习者按指令要求右转或左转。

④练习者越过第一排右侧的两个栏架或左侧的两个栏架后再越过栏架返回跑道上向另一侧的两个栏架跑动，越过另一侧的两个栏架再返回跑道上向第二排栏架跑进。

① (美)Bill Foran.高水平竞技体能训练[M]. 袁守龙，刘爱杰，译. 北京：北京体育大学出版社，2006.

⑤练习者按同样的方法越过第二排的四个栏架。教练员再发出变向口令或用手势示意变向。

⑥练习者听指令越栏架，最后向终点线快速跑进。

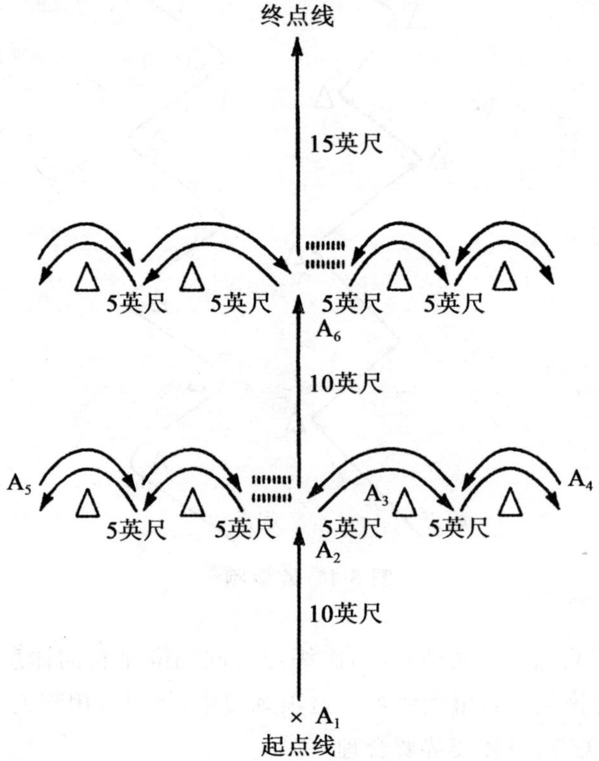


**图 5-2 跨越栏架①**

## （三）专项速度素质训练

### 1. 反应速度训练

（1）重心不停变换，根据教练员信号，迅速起动做侧身步、跨步、交叉步等动作。

（2）根据口令做相应动作，如“上旋”——做扣杀或推挡动作；“下旋”——做拉球或搓球动作；“弧圈”——做正手快带或反手推挤动作。

① （美）Bill Foran. 高水平竞技体能训练[M]. 袁守龙，刘爱杰，译. 北京：北京体育大学出版社，2006.

(3)在单线对攻中,突然有一方变线。

(4)在行进中听信号后,突然做准备姿势,然后迅速做交叉步、侧身步等动作。

(5)用多球做接发球练习。根据对方发球动作,迅速判断旋转性质和落点,然后做出反应和动作。

(6)二人想象比赛。要求观察对手做出击球动作后,再做出反应和动作。

(7)两名练习者用多球在同一方位交替发球,另一名练习者在对面球台练习接发球。

(8)按照信号做急跑、急停训练。

(9)练习者对墙距 1.5 米左右站立,教练员在其背后用多球对墙供球,练习者连续还击从墙上反弹回来的球。

(10)目视教练员向上击球,要求练习者按旋转球落台反弹的方向,原地转一周后,沿球台跑一圈。

2. 动作速度训练

(1)在限定时间内用最高速度或频率完成练习动作,如在 20～30 秒内用右手快速摸球台两角。

(2)采用领跑、助跑和音响、灯光等信号发出速度感觉指令,按指令完成动作速度练习。

(3)利用器械重量变化后的后效作用进行练习,如先用铁拍做挥拍练习,再用正规球拍做挥拍练习。

(4)变换各种形式和方向的快速跑或其他动作的练习,如立卧撑,十字变向跑,各种躲闪、急停、迅速转体等练习。

(5)游戏练习,如二人面对面站立,先将左手置于身后,听到发令后,设法用自己右手摸对方后背,摸中 1 次得 1 分,得分多者为胜。

3. 移动速度训练

提高专项移动速度,应尽量结合打乒乓球的步法特点进行练习。培养移动速度素质的方法举例如下。

(1)左右移动的步法练习(以球台宽度为界),30～60 秒一组。

(2)左右跨跳(以 1/2 球台宽度为界),30～60 秒一组。

(3)推、侧、扑步法练习,30～60 秒一组。

(4)交叉步移动(以球台长度为界),30～60 秒一组。

(5)长短球步法练习,30～60 秒一组。

(6)换球台端线两角(左右侧前、侧后移动),30～60 秒一组。

(7)沿球台变向跑一周,要求始终保持面向一个方向,完成向前跑→侧向跑→后退跑→侧向跑。

(8)沿球台侧滑步接力赛。

(9)用多球练习提高步法移动速度。

## 三、耐力素质训练

耐力是长时间持续运动的能力,包括坚持一定负荷活动的能力、抗疲劳能力以及出现疲劳后机体快速恢复的能力。乒乓球运动的功能特点和运动负荷特点对乒乓球后备人才的耐力尤其是速度耐力提出了很高的要求,乒乓球选手在整个比赛过程中都要持续快速运动,因而必须具有良好的速度耐力。为提升乒乓球后备人才持续快速运动的能力,在乒乓球后备人才身体素质培养与训练中要加强对专项速度耐力的训练。

### (一)耐力素质训练原则

在乒乓球后备人才的耐力训练中,包括有氧耐力训练、无氧耐力训练。其中有氧耐力的训练非常重要,这方面的训练又包括供氧能力的训练和氧利用能力的训练两大内容,有氧耐力的这两项内容既相对独立,又密切联系,既有共性,又有个性,在各自的训练中要坚持相应的原则和要求。

#### 1. 供氧能力训练原则

人体心血管机能水平和肺功能决定了供氧能力的强弱。在供氧能力训练中,关于运动强度的安排应以“有氧阈”(机体在负荷递增的练习中有氧代谢的最高水平)强度为宜,理论研究和实践均证明这是最佳强度。为达到这一强度要求,在供氧能力训练中,心肺的供氧机能应得到充分的刺激,而且当机体内环境发生紊乱时依然不能停止运动。

2. 氧利用能力训练原则

在氧利用能力训练中，以“无氧阈”强度为主。“无氧阈”指在负荷递增的运动中，机体开始进入以无氧代谢为主的起始水平，即无氧代谢的最低水平，对应的血乳酸值为4毫摩尔/升，此时心率约160～180次/分。以“无氧阈”强度为主的训练有一定的难度，因此常常在优秀运动员的体能训练中安排，以促进运动员氧利用能力的提升。

针对乒乓球后备人才的专项有氧耐力训练，在不同阶段要有不同的侧重，一般是在少儿阶段主要训练供氧能力，重点阶段主要训练氧利用能力。此外，在耐力训练中要将有氧训练与无氧训练结合起来。

### （二）一般耐力素质训练

1. 有氧耐力素质训练

(1)定时跑

在操场上或者训练场地中进行20分钟或30分钟的定时跑。

(2)重复跑

在跑道上进行重复跑，重复的距离可以是800米、1000米等，重复的次数可以为5～8次，每次间歇的时间为5分钟。

(3)法特莱克速度跑

在丘陵、山坡、平原等地形条件下，由练习者控制自己的跑步速度，进行慢跑、匀速跑、加速跑等交替训练。

2. 无氧耐力素质训练

(1)高翻

①两脚开立，屈膝下蹲，双手正握抓杠，手臂伸直，背部平直；挺胸，目视前方或前上方。用力提起杠铃，肘关节充分伸直并使杠铃尽可能接近胫骨。

②当杠铃提至膝部上方时，充分伸展髋、膝、踝关节，使杠铃与身体尽量靠近。背部始终平直。同时还要充分伸展肘关节，并耸肩。

③当肩向上至最高点时，慢慢屈肘，用臂推举杠铃。头部正直，屈髋和屈膝，使身体处于 1/4 下蹲姿势。

④双臂在杠铃之下时，抬肘使上臂平行地面，将杠铃置于锁骨和三角肌前束上。此时头部位置正中，双脚平稳站立。

⑤待身体平稳，通过伸展髋和膝部使身体充分直立。

反复练习。

(2)推举

在上述高翻动作的基础上进行推举。

两脚开立，屈膝下蹲，杠铃直线下移。达到下蹲的最低姿势，迅速伸展髋、膝关节，同时用力向上举起杠铃，当髋、膝关节充分伸展且杠铃在头部上方后，屈髋、屈膝，同时肘关节充分伸展，达到最大高度时将杠铃举过头顶并控制好杠铃，此时肘、膝、髋关节充分伸展，头部位置正中，杠铃在头部稍后位置。反复练习。

(3)深蹲

①两脚分开保持平行，间距同肩宽，辅助者将杠铃放在练习者头部后方肩胛骨和斜方肌上，练习者双手抓住杠铃。

②上体挺直，屈膝下蹲至大小腿几乎垂直。

③慢慢伸展膝关节和髋部，直至直立姿势。

反复练习。

(4)半屈膝硬拉

①两脚分开，间距同髋宽。双手抓握杠铃(方式同高翻)，手臂自然下垂放在大腿面。

②稍屈膝，收缩肩胛骨，保持肩部稳固。

③上体前屈至背部基本平行地面，背部平直，双手握杠铃顺势从大腿下滑到小腿。躯干稳固，杠铃一直与腿部紧贴。

④慢慢起身还原。

反复练习。

(5)坐姿下拉

①对拉力器的座椅、膝垫进行调整，使之与自己的体型或习惯相符。

②对适宜的重量进行选择，在椅子上坐好，膝垫紧贴大腿，双手抓握拉力器的手柄，间距比肩宽稍大。

③双手用力拉手柄使之靠近胸部，髋部顺势向后倾斜，注意控制好手臂的力量。

④手臂向上伸展还原。有控制地完成整个动作。

反复练习。

(6)双杠支撑臂屈伸推起

①抓住器械手柄，调整姿势，手臂伸直用力支撑体重。

②屈膝，两脚离地向后伸展，直至小腿平行地面。

③肘关节弯曲使身体下移，直至大小臂几乎垂直，躯干始终保持正直，身体稳固不晃动。

④手臂伸展，身体上移，腿部姿势不变。

反复练习。

### (三)专项耐力素质训练

(1)3 分钟交叉步训练(在两端线之间)。

(2)3 分钟推、侧、扑步法训练，徒手或用多球训练。

(3)3 分钟花样跳绳：正摇、反摇、交叉摇、(双摇跳 50 次＋单摇跳 50 次)×5、(双摇跳 30 次＋单摇跳 50 次)×5 等练习。

(4)800～1500 米变速跑。6～10 人列成纵队，听信号从排尾跑到排头，在这段距离内要加速跑，或用滑步、交叉步等。

(5)3 分钟长短球步法训练。

(6)利用多球做拉后扣杀，3～5 分钟。

(7)利用多球做连续扣杀，3～5 分钟。

(8)双人利用多球在移动中练习扣杀，3～5 分钟。

## 四、灵敏素质训练

灵敏素质是综合体现基础身体素质和基本运动技能的一项综合素质。乒乓球后备人才的灵敏素质是一种体现身体与球和谐统一的运动素质。乒乓球运动中，击球后球体快速运动，方向变化多，这就要求运动员具备人体与球和谐统一的良好灵敏性，尤其是要具有良好的突变能力以及空间距离感知能力。加强灵敏素质训练对提升乒乓球后备人才的灵敏素质具有重要意义。

## (一)灵敏素质训练原则

### 1. 健康安全原则

乒乓球后备人才拥有获得与保持健康的基本权利,健康是训练和比赛的前提条件。灵敏素质训练对后备人才的基础体能和基本运动能力有较高的要求,一般在乒乓球训练课的前半部分安排灵敏性练习,确保练习者在体力旺盛、精力充沛的状态下完成训练任务,提高训练效果。

乒乓球后备人才的健康状况是安排专项灵敏性训练的首要依据。高强度的灵敏性训练存在一定的风险,不适合身体状况较差和有运动伤病的青少年运动员参与,有伤病的运动员应以运动康复训练为主。在乒乓球后备人才灵敏素质训练中,要创建安全的训练环境。

### 2. 适宜负荷原则

灵敏素质训练中,主要供能方式是磷酸原系统供能,训练过程练习负荷较大,容易出现疲劳,为确保后备人才机体磷酸原的尽快恢复,在每个练习结束后休息时间必须足够。

在乒乓球灵敏素质训练中,为促进磷酸原系统供能能力的充分发挥,一般每个练习的持续时间不超过 10 秒,两个练习之间至少间歇 30 秒,组间间歇时间不少于 3 分钟,以保证磷酸原的基本恢复,促进机体有氧代谢能力和糖酵解供能能力的提升。

灵敏素质训练中合理控制练习强度非常重要,练习强度可通过变化练习时间来调控,并通过对后备人才心率的监控而评价练习强度的大小。观察后备人才在练习中的动作完成情况也能判断练习强度是否合理,当后备人才制动时动作不稳、制动能力下降时,说明运动强度较大,要做出相应调整,如暂停训练或将间歇时间延长。

### 3. 区别对待原则

乒乓球后备人才灵敏素质训练内容要依据不同训练阶段的特征来安排,做到区别对待。

在灵敏素质训练的开始阶段，要重点训练基本步伐、基本移动能力和身体控制能力，从而提升乒乓球后备人才控制平衡和保持身体重心稳定的能力，并提高其快速移动能力，为后面结合球的灵敏性训练打好坚实的基础。在之后的训练中，要结合乒乓球专项特征与要求来安排专门的灵敏性练习，如乒乓球移动步法练习，当练习者移动技术达到一定水平后，结合乒乓球专项运动场景进行快速反应能力练习。

总之，在乒乓球灵敏素质训练中贯彻区别对待原则，在不同训练阶段有侧重地安排训练内容与方法，则有利于促进乒乓球后备人才综合体能素质的逐步提高与不断突破。

### （二）一般灵敏素质训练

#### 1. 听信号完成指令动作

练习者坐在原地或者半蹲在原地，当听到信号以后，迅速起身跑到指定位置。

#### 2. 移动中跨越障碍训练

用小的体操垫作为障碍，练习者利用前滑步或者左右滑步躲闪小体操垫，向前加速绕行前进。

#### 3. 两人追逐训练

两人一组，一组先跑，另一组追逐，追逐前，两人保持 5 米左右的距离，等到追上以后，交换练习。

#### 4. 两人触摸训练

两人一组，在规定范围内，一人用手触摸对方的肩部，另一人快速移动躲闪。

#### 5. 跳绳训练

双人摇绳，练习者进行跳绳训练，摇绳的速度要不断加快。

### (三)专项灵敏素质训练

(1)2 人一组,进行多球打目标比赛。在球台两角附近放置两个目标(拍套或球拍等),看谁击中目标多。

(2)3 人一组,两组各站在球台一端,进行类似双打的三人轮换击球训练。要求每人还击后做一次俯卧撑,然后再准备打一板球。规定双方打中等力量的球,不得扣杀。

(3)4 人一组,沿球台跑动,轮流击球。在规定时间内,两组可进行击球比赛,击球板数多者为胜。

(4)托球折回跑接力游戏。

(5)传球抢截游戏。将练习者分为两组,每组 3～4 人。手持球拍在规定范围内进行传球抢截游戏。

(6)限定采用各种不同步法,托球进行"∞"字跑的接力游戏。

(7)将练习者分为两队,每队 3～4 人,用球拍和乒乓球进行类似足球比赛的游戏。在规定时间内,射中球门次数多者为胜。

(8)追逐游戏。追人者手持球拍托球,在规定的范围内追逐别人,将乒乓球击到被追者身体算捉住了被追者。然后被追者变为追人者,继续练习。

## 五、协调素质训练

协调素质同样是综合性运动素质,综合反映了人体各种身体素质和运动能力。协调素质的好坏受诸多因素的影响,如人体机能水平、基本运动素质水平、技能储备量以及心理素质等。运动技术的形成以良好的协调能力为基础。协调性好的青少年,在运动技能练习中能够对动作的空间、时间、节奏等要素及其内在联系有准确的把握,身体各部位能够根据运动需要而精确协调配合,从而快速掌握运动技能,并不断强化提高。因此,在乒乓球后备人才培养早期要特别重视对协调能力的训练。

### （一）协调素质训练原则

#### 1. 以身体素质协调发展为基础的原则

协调素质对乒乓球后备人才来说至关重要。在乒乓球体能训练中，要将协调素质作为主要内容之一进行常态化、系统性训练。

作为一项综合素质，协调素质的培养要建立在力量强、速度快、柔韧性好的基础之上，要以这些运动素质的协调发展为基础。在协调性训练中，要综合发展各项体能素质，从后备人才身体素质的特征、优势、缺陷、个体差异等实际情况出发进行具有针对性的训练，以形成体能优势，弥补发展落后的身体素质，促进体能素质的协调发展。

#### 2. 克服不合理肌肉紧张的原则

在乒乓球运动中，不管完成哪个技术动作，都需要大脑皮层支配肌肉合理交替运动和相互协调运动，在肌肉运动过程中，有紧张的肌肉，也有放松的肌肉，不同状态的肌肉是交替工作的，紧张的肌肉经过紧张的工作后要适当放松，放松的肌肉得到放松后又要重新开始紧张，如此才能使动作更加精确、协调。

在乒乓球后备人才协调素质训练和协调能力培养中，要使练习者努力克服自身不合理的肌肉紧张。肌肉过于紧张常常是由下列几方面的原因造成的。

(1)机体在非运动状态下，肌肉也处于紧张状态。

(2)肌肉紧张收缩之后，放松不及时，肌肉从紧张过渡到收缩的时间较长。

(3)肌肉因长时间工作或受到大负荷的刺激而造成过度疲劳。

(4)神经和心理高度紧张，精神状态不够放松等。

为克服不合理的肌肉紧张，需加强肌肉放松能力的培养，方法可参考以下几种。

第一，提升意识法，后备人才提高自我放松意识，认识肌肉放松对协调素质提升的重要意义。

第二，自我暗示练习法。

第三，位移性练习法。

第四，专门的放松练习等。

3. 方法多样性原则

在乒乓球协调素质训练中，要从后备人才的基础运动素质现状、协调性培养需求等方面出发设计与选用科学合理的、丰富多彩的协调训练法。选择协调素质训练方法也要对训练环境予以考虑，将模仿训练和有球训练、徒手训练和器械训练等结合起来，训练方式丰富多样，也可以将各种单一的练习方式灵活组合起来，保证练习的数量、强度和质量。

在协调性训练方法的设计与选择中，注重竞赛训练法、游戏训练法等趣味训练法和实战训练法的实施，从而活跃训练氛围，有效提升后备人才训练的积极性。

4. 结合专项需要的原则

良好的协调能力是完成乒乓球技术动作的前提条件，这里所说的协调能力本身具有多项与乒乓球专项技战术性质密切相关的特征，如正确性、快速性、应变性、和谐性等。乒乓球后备人才在专项体能训练阶段，要根据乒乓球专项的特征与要求而培养协调力，将能够突出专项特征的协调能力作为重点培养内容，从而通过提升专项协调能力而促进乒乓球后备人才技战术水平的进一步提高。

### （二）一般协调素质训练

1. 锥形轮子

练习方法：

(1)将若干锥形圆圈(半径 3～5 米)竖立在地上，保持适宜间距。

(2)从一个锥形物出发向另一个锥形物跑进，每通过一个锥形物时完成一个专项运动技术，将专项技能与跑的练习结合起来。

变换练习：

(1)增加阻力或提供辅助进行变换练习，同时穿插变化的专项技能，提高练习级别和难度。

(2)将一个滚动球放在练习区域,通过每个锥形物时要绕开球,不能碰到球也不能被撞到。

2. 一个接一个活动

练习方法:

(1)选择一个运动场地,场地大小规格依据练习者的运动水平而定,水平越高,场地越大。场地上摆放一排箱子。

(2)练习者分两排站在箱子两侧,面对面,其中一排是主要练习者,另一排负责干扰。

(3)负责干扰的队员向练习者扔沙包等物体,主要练习者面对正对面队员的干扰,要迅速移动闪躲,躲开干扰,闪躲过程中还要保持身体平衡,防止摔倒。

(4)一旦练习者被击中,就与干扰者互换角色。

变换练习:

练习者在闪躲过程中采用不同的躲避方式,并完成指定的动作,成功躲避后要及时减速。

3. 扔球

练习方法:

(1)练习者站在球上保持平衡,同伴手持球,距离练习者 4 米左右,两人面对面。

(2)同伴松手扔球的瞬间,练习者以最大速度向球的方向冲刺,注意通过摆臂来提速。尽可能在球第一次落地反弹后将球接住。

(3)每成功接球一次,练习者与同伴的距离就增加 1 米,以不断提升练习难度。

变换练习:

(1)练习者与同伴站成一排或背对背站立,同伴扔球后,练习者快速转身接球。但同伴松手后要发出信号,使练习者迅速做出反应。

(2)练习者在急速跑动接球或转身接球时可以将一些起动姿势加入其中,或者加入超等长练习。

(3)多球练习,使练习者连续跑动接球。

### （三）专项协调素质训练

#### 1. 渐进训练法

渐进练习法就是循序渐进地实施协调能力的训练内容和训练方法，练习难度逐渐增加，逐步稳定地提高乒乓球后备人才的适应力和协调能力。具体操作时，先练习简单反应能力，再过渡到选择反应能力；先练习单个动作，再向组合动作练习过渡。

#### 2. 平衡训练法

平衡力与协调素质密不可分。人体姿态静力性反射能力和自由调节能力以及内感觉矫正能力对平衡能力的高低有决定性影响，其中内感觉校正能力也是协调能力发展中不可缺少的一项生理机制。采用平衡练习法时，先进行失衡练习，再训练保持平衡的能力。为增加练习的趣味性，可以让练习者旋转几圈后停下来尽力保持静态姿势，从而有效提升身体的平衡力。下面列举几种简便易行的平衡训练方法。

(1)单足站立

训练目的：

培养人体对身体重心的控制能力。

训练方法：

①自然站立，一腿屈膝抬起，使脚尖朝下，支撑腿同侧手抓握上抬腿的踝关节。

②保持单腿站立姿势 30 秒。

③两腿交替上抬进行练习。

(2)直线单脚跳

训练目的：

增加腿部肌肉力量和身体的平衡性。

训练方法：

①在地上画若干条线，色彩鲜亮以便识别，相邻两线之间间距适宜。

②站在一端单脚依次跳到另一端，避免踩线。

③两腿交替练习。

变换练习：

增加难度进行练习，如增加膝关节的弯曲角度；增加间隔距离；单脚跳跃每次落地后静止片刻，上身不能晃动。

(3)圆锥跨跳

训练目的：

使下肢更有力量，提高维持身体平衡的能力。

训练方法：

①将三个圆锥形状的物体并列排成一排，相邻物体之间间隔一定距离。

②依次跳过三个圆锥体，速度要快，不能有太长时间的停顿。

③增加相邻圆锥体的间距，进行难度练习。

变换练习：

身体侧对圆锥体，单腿依次跳过，再换另一腿返回，两腿交替进行。该练习可促进腿部力量的增强，也能有效锻炼身体的平衡性。

(4)六边形

训练目的：

提高反应能力、反应速度、身体稳定性与灵敏性。

训练方法：

①在地板上画一个边长 60 厘米、夹角 120°的六边形。

②站在六边形中心点，面向任意一条边的方向，听口令依次跑完六条边，然后返回中心点。

③换方向继续跑，跑完六条边后跳回中心点。

反复练习。

### 3. 变换训练法

在其他体能素质的训练中，在不违背训练原则和训练目标的前提下，对练习方式、动作方向、动作力量、动作速度、动作节奏等要素不断进行变换与调整，使练习动作由简单到复杂，使训练条件与环境更加艰难、复杂，这种情况下不仅能够提升正在训练的体能素质，还能够使乒乓球后备人才的协调能力、应变能力得到有效锻炼和提升。

# 第二节　乒乓球后备人才心理素质的训练与培养

## 一、心理素质训练概述

### （一）心理素质训练的概念

心理素质训练是指通过各种方法和手段有意识地对运动员的心理过程和个性特征施加影响，使运动员学会调节自身心理状态，为更好地参加运动训练和获取优异比赛成绩做好心理准备的训练过程。①

### （二）心理素质训练的地位

在现代运动训练系统中，心理素质训练居于重要地位，是不可或缺的重要组成部分之一。运动员参加训练和比赛，不仅大量消耗身体能量，心理能量的付出也非常多，在高强度训练和比赛中，如果运动员心理准备状态不佳，训练任务就很难完成，比赛成绩也会受到严重影响。运动员的心理因素对其比赛结果有很大影响，而且当比赛双方体能、技战术水平相当时，心理因素就是决定比赛胜负的重要因素了。

### （三）心理素质训练的目的

心理训练是为了培养运动员训练与参赛所需要的心理素质，增强运动员的心理稳定性，提升其运动心理能力，为顺利训练和提高比赛成绩提供保障。

---

① 孙登科．运动训练学[M]．北京：北京体育大学出版社，2006.

### （四）心理素质训练的任务

为了顺利达到预期的心理训练目标，要在心理训练过程中完成下列几项主要任务。

（1）对运动员的专项心理素质与心理能力进行培养，使其更好地适应专项需要。

（2）提高运动员对技战术运用的熟练度。

（3）培养运动员训练和比赛的积极态度，使运动员保持良好心理状态，提高运动员的适应能力。

（4）帮助运动员克服心理障碍，使其顺利参与训练和比赛。

（5）消除疲劳，促进恢复。

### （五）心理素质训练的内容

运动员在训练和比赛中的心理活动非常复杂，心理素质发挥着重要的作用，具体表现在以下几方面。

第一，运动员在训练和比赛中要将准确的技术效果表现出来，就需要具有敏锐的感知觉能力，并要集中注意力。

第二，运动员要对灵活多变的技战术进行创造，就需要具有良好的表象能力和敏捷的思维能力。

第三，运动员训练热情的产生与保持离不开浓厚的兴趣、丰富的情感和调节不良情绪的能力。

第四，运动员在训练和比赛中果敢顽强的作风是基于良好的意志品质而形成与表现出来的。

第五，运动员要得到各方面的支持与配合，提升团体凝聚力，就需要具有良好的个性心理特征。

综上，在运动员心理训练中要加强心理过程训练和个性心理特征训练。因为不同的专项运动对运动员的心理素质有不同的要求，所以在心理训练中要结合运动员所从事专项的要求进行针对性和专门性训练，尤其要重视人格特征和意志品质的训练，它们对运动员的训练质量和比赛成绩有直接的影响。

运动员心理过程特征训练和个性心理特征训练的内容如图 5-3 所示。

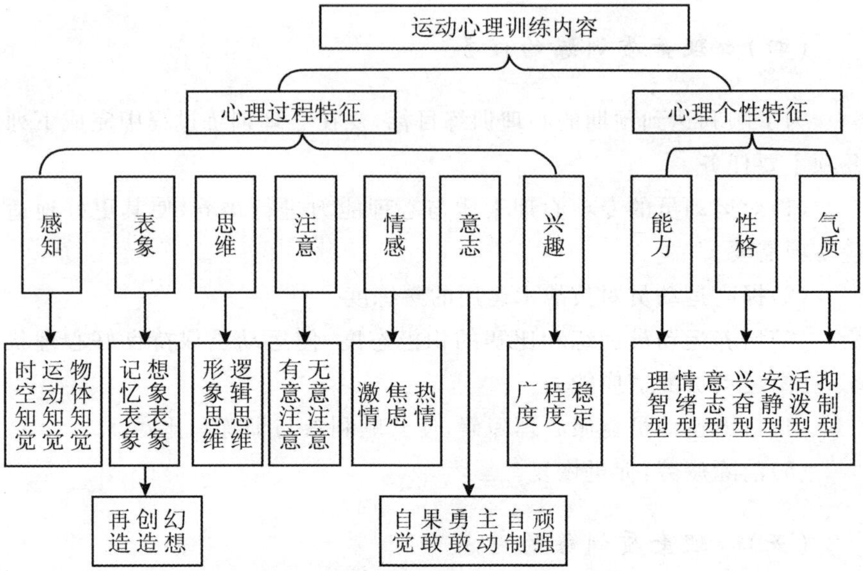


图 5-3　运动心理训练内容①

## (六)心理素质训练的分类

从训练周期不同训练阶段的划分和各阶段的不同训练任务出发,可以将心理训练分为以下两种类型。

### 1. 准备期的心理训练

准备期的心理训练要注重对运动员心理过程各要素的训练和个性心理特征的训练,要将心理训练与技战术训练结合起来,贯彻循序渐进、与技能相结合的训练原则。心理训练与技术训练相结合,有助于促进运动员感知觉能力和心理表象能力的增强,从而提高技术表现力;心理训练与战术训练相结合,有助于促进运动员注意能力、思维能力的有效提升,从而提高战术运用效果。

准备期心理训练有两个重点,一个是人格特征,另一个是意志品质,这两项心理能力都对运动员的训练成绩和比赛结果有重要影响,良好的人格特征、坚强的意志品质是优秀运动员应具备的基本心理特征。在运动员意志品质的培养中,要加强思想教育,促进运动员训练动机的强化

① 胡亦海.竞技运动训练理论与方法[M].北京:人民体育出版社,2014.

和自信心的提升。此外,不断增加训练负荷也是磨炼运动员意志的有效手段,但要防止过度训练和过度疲劳,否则会适得其反。

2. 竞赛期的心理训练

竞赛期的心理训练要加强与专项运动特征的结合,保持与专项要求的一致,满足竞赛需要。运动员参加重大比赛,在赛前要做好心理准备,赛中要善于进行自我心理控制,赛后也要及时调整心理,因此竞赛期心理训练包括赛前、赛中和赛后三个训练阶段。

(1)赛前心理准备

准备参加重大比赛的运动员,有时越临近比赛日,心理活动就越发活跃,有时开始出现不同程度的焦虑、急躁、紧张等情绪,心理状态较差,无法保证顺利参赛和在赛场上的正常发挥,最终严重影响比赛结果。所以在赛前做好心理准备很重要。

临近比赛时的心理训练要以激发比赛动机、增强参赛自信心为主,同时要对运动员的心理激活水平进行控制,促进其参赛思维程序的稳定,使其保持适度的紧张与兴奋,做好充分的心理准备,以良好的心理状态迎接比赛,接受挑战。

(2)赛中心理控制

运动员在充满激烈竞争的比赛中,情绪起伏波动明显,赛场环境的变化直接引起运动员情绪的变化,因此运动员必须要有良好的心理控制能力,能够及时调节自己的不良情绪,保持情绪稳定,从而在良好体能的支撑下将技能水平稳定发挥出来。

(3)赛后心理调整

比赛结束后同样要进行运动心理干预,赛后心理调整在竞赛期心理训练体系中也是不可或缺的一部分。不管是比赛的获胜者还是失利者,比赛后都要进行心理调整,获胜者通过调整,要将自满情绪消除,改善松懈状态;失利者通过调整,要消除消极情绪,强化再战动机,重拾自信,积极投入接下来的训练或比赛中。

## 二、乒乓球后备人才心理素质训练计划的制订

在开始对乒乓球后备人才进行心理训练前,要先确定训练目标,然

后依据训练目标制订训练计划，明确训练任务，安排训练内容，选择训练方法，设计训练程序，这一系列的理论设计与安排都属于心理训练计划的范畴，是制订心理训练计划的主要工作。

判断心理训练计划是否合理有效，要对其目标的清晰准确性、过程的预见性、实施的灵活应变性进行评估，虽然计划的实施程序、训练的内容与方法已经提前安排与设计好，但在训练过程中也要注意根据实际需要而进行调整，在实践中不断完善计划，提高实施效果。

要制订出一份清晰准确的、有预见性的、灵活性强的心理训练计划，就要从以下几方面开展制订工作，以下工作也是制订心理训练计划的基本程序与步骤。

### （一）明确训练对象

明确训练对象是制订心理训练计划的第一步。每个青少年乒乓球运动员都是独立的个体，他们的心理特点各不相同，而且乒乓球运动的专项要求对后备人才心理训练计划的内容与实施具有重要影响。因此对心理训练计划进行制订时，要对训练对象进行综合分析，全面了解训练对象，要求如下。

第一，既要考虑不同青少年之间在人口统计变量学上的差异，如性别、年龄、运动年限等，又要考虑他们的心理差异，如态度、动机、人格、个性、人际关系等。

第二，考虑作为专业乒乓球运动员应具备的专项心理特征，如感知觉能力、意志品质、注意力、情绪控制力等。了解乒乓球运动对运动员心理能力的特殊要求和专门要求，有利于更有针对性地安排心理训练内容。

### （二）加强沟通

心理训练计划中的训练内容能否满足乒乓球后备人才的真实需要，训练方法是否能够充分发挥促进后备人才心理能力提升的作用，训练步骤是否具有指导意义，等等，这一系列问题需要计划制订者与教练员、后备人才进行深入沟通才能求解。

心理训练计划的制订者是供应方，心理训练计划的实施者——教练员和实施对象——运动员是需求方，在实施训练计划前，供应方与需求方必须就训练计划中的重点内容达成共识。如果教练员和运动员不认可计划中的一些内容,或者不相信这份训练计划能够帮助运动员提高运动心理能力,那么就无法开展心理训练工作,此时供应方和需求方就要开始协调,协商如何调整与完善训练计划,直至在主要方面达成共识,然后才能将计划投入使用,正式实施计划。

### (三)理解专项特征

心理训练计划的制订者应该既是乒乓球工作者,也是运动心理学专业人员,这样的制订者对乒乓球专项心理特征更了解,他们制订的心理训练计划也更容易被教练员和运动员认同。

专业的计划制订者通过了解训练对象后,能够判断训练对象存在哪些心理问题,需要做哪些心理上的改进和调整,需要重点加强哪方面心理能力的训练,基于准确判断而制订的心理训练计划更具有针对性和可行性,计划实施之后更容易见效。

### (四)评估个性心理特征

运动心理学专业人员制订心理训练计划时,为了使心理训练计划与训练对象的实际情况更加契合,更有针对性,能切实解决乒乓球后备人才的心理问题,帮助他们完善心理品质和提高心理技能,则应该通过有效的手段对训练对象的个性心理特征进行评估,从而获取关于训练对象心理方面的一些重要信息,将评估结果作为制订计划的依据和参考。

评估乒乓球后备人才的个性心理特征的手段主要有面谈、现场观察、问卷调查、行为记录等。

### (五)确定训练内容、方法和程序

经过对乒乓球后备人才的心理评估后,能对其心理特征、心理技能薄弱环节有清楚的了解,从而为明确心理训练的重点内容提供了现实依据,能够保证心理训练内容的针对性。对于后备人才薄弱的心理环节,要特别加强训练和积极干预。

将心理训练内容明确下来之后,还要对训练方法进行设计与选用。目标设置训练法、放松训练法、表象训练法、注意力集中训练法、自我暗示训练法等是后备人才心理训练中最常见的方法,制订者要结合后备人才的个性心理特征、心理薄弱环节、专项需要、参赛需要以及训练环境和条件选择具有针对性的、便于操作的训练方法和手段，确保在实施各项心理训练方法后能够切实促进其心理薄弱环节的改善。

确定训练方法后，还要设计心理训练的实施程序，明确训练的时间进度、训练内容的实施顺序，从而提高训练计划的实施效率。

### （六）评估计划实施效果

训练计划执行一段时间后，要评估实施效果，计划实施效果如何，主要从心理训练效果中反映出来。通过评估，能够了解训练计划的有效性，也能发现训练计划的不足，从而进行改进与完善，在训练计划的改进与完善中，教练员与运动员作为计划实施的主体和直接对象，能够提供一些重要的建议，供制订者参考和采纳，从而使调整后的训练计划更加能够满足训练对象的实际需要，在下一阶段的训练中取得更好的效果。

## 三、乒乓球后备人才心理素质训练方法

### （一）动机激发法

青少年乒乓球后备人才在训练和比赛中的良好表现离不开正确动机的内在驱动。在运动训练和比赛前可以采用动机激发的方法调节心理，树立顽强拼搏、为国争光、集体荣誉、勇者必胜等正确观念，将注意力高度指向正确的方向和理想目标上。此外，乒乓球后备人才要正确对待成败，在训练和比赛中要拼尽全力，不管结果如何，都要不留遗憾。

### （二）表象训练法

表象训练法是指运动员有意识地在头脑中重现某个动作、技术或者运动情景，从而提高运动技能水平、增强心理调控能力的过程。

一个完整的表象训练过程主要包含以下四个程序。

(1)表象知识介绍。要求后备人才充分了解运动表象，掌握其特点和作用等内容。

(2)表象能力测定。通过设置规定情景，对后备人才的表象能力进

行测定，从听觉、视觉等感觉的清晰性，情绪体验的深度，表象的控制能力等角度设置表象能力的等级，确定运动员的表象能力等级；根据后备人才的表象能力等级设定表象训练的目标和任务，制订表象训练的计划。

(3)基础表象训练。基础表象训练的目的是提高后备人才的基础表象能力，为发展后备人才的专项表象能力奠定基础，主要训练内容包括提高感知觉能力训练、提高表象清晰性训练、提高表象控制性训练等。基础表象训练是整个表象训练中最重要的一个程序。

### (三)放松训练法

在心理素质训练中，放松训练法较为常用。而渐进性放松法则是放松训练的重要方法之一。渐进性放松法是指利用一定的方法和程序，使练习者的肌肉从局部到整体完全放松，进而消除紧张心理，达到心理放松的心理训练方法。渐进性放松法遵循一定的步骤，其肌肉训练顺序为上肢、肩、头部、颈、胸、腹、臀、下肢、脚，训练内容为先利用一定的引导语让各部位的肌肉紧张起来，再利用引导语让各部位的肌肉放松下来，这有利于促进心理放松，缓解心理压力。另外，自生放松法也是非常重要的一种放松训练法。下面重点阐述这两种放松训练方法的实施过程。

#### 1. 渐进性放松法

(1)准备姿势

练习者以自己觉得最舒适的姿势，放松自然地坐在椅子上。

(2)训练过程

认真倾听下面的提示语，根据提示语的要求做相应的动作(注："…"表示5秒钟的停顿)。

双眼自然轻闭，深呼吸三次…

紧握左手，紧握…认真感受左手的感觉…松开左手，放松…

再次紧握左手，认真感受这种紧张状态…再次紧握…松开左手，放松，想象左手受到的压力正在从手指上慢慢消失…

现在将右手紧紧握成拳头，握拳的同时感受手掌、手指、手臂的紧张状态…然后慢慢放松…

再次紧握右手，感受紧张状态…慢慢放松…

左手紧握，同时弯曲左臂，使二头肌紧张起来，保持这种状态…放松下来，想象这种紧张感从手臂慢慢流向手指，再慢慢从手指消失…

右手紧握，同时弯曲右臂，使二头肌紧张起来，保持这种状态…放松下来，想象这种紧张感从手臂慢慢流向手指，再慢慢从手指消失…

双手紧紧握成拳头，双臂弯曲起来，使双臂的二头肌都紧张起来，感受这种紧张…慢慢放松下来，想象紧张感从手臂慢慢流出，再慢慢从手指流出去…

用力皱眉，同时用力紧闭双眼，使额头和双眼紧张起来…现在放松，感受放松的感觉流过双眼…继续放松…

双唇紧闭，上下颌用力闭合在一起…现在慢慢放松下来…

现在，皱眉，用力闭眼，双唇紧闭，上下颌用力闭合在一起，抬高下巴，拉紧颈部的肌肉，体会这种紧张状态…现在慢慢放松下来，并认真体会这种放松的感觉…

用力向前耸肩，尽量将背部的肌肉向前拉，使背部的肌肉紧张起来，保持这种状态…好，现在慢慢放松下来，感受背部慢慢松弛下来…

再重复一次刚才的动作，同时用力收腹，使腹部肌肉紧张起来，保持这种状态…现在慢慢放松…

将肩背部动作和腹部动作结合起来再做一次，感受背部肌肉和腹部肌肉被拉紧，保持这种状态，认真体会…现在慢慢放松…

现在，我们来进行一次系统练习。首先，做 3 次深呼吸…双手紧握成拳头，双臂弯曲，使二头肌紧张起来，紧闭双眼，用力皱眉，抬起下巴，双唇紧闭，上下颌紧紧咬合在一起，向前耸肩，用力收紧腹部，完成上述所有要求，现在保持这种状态，感受身体各个部位的紧张感…现在深呼吸，慢慢将气吐出来，同时身体各个部位全都放松下来，感受所有的紧张感慢慢从身体上消失…想象紧张感从身体的各个部位流出，放松，放松下来…

现在我们来做腿部的练习，将左脚脚跟靠近椅子，使劲下压脚跟，同时将前脚掌竖起，用力绷紧小腿和大腿的肌肉，感受小腿和大腿正在用力…好，现在慢慢放松下来…

再来做一次上面的练习，左脚脚跟用力下压，前脚掌抬起，小腿和大腿肌肉用力绷紧，感受肌肉的用力…放松下来…

现在将右脚脚跟靠近椅子，用力下压，前脚掌向上抬起，小腿和大腿的肌肉用力绷紧，感受腿部的用力…现在放松下来…

双脚脚跟都向椅子靠近，用力下压脚跟，双腿肌肉用力绷紧，感受这种紧张状态…好，现在慢慢放松下来…

现在，做3次深呼吸…然后来把上面的练习系统性地做一遍，按照双手、双臂、前额、双眼、下颌、颈部、双唇、肩膀、背部、腹部、双腿的顺序，依据上面的练习方法，使这些部位的肌肉都紧张起来，认真感受这种紧张状态…然后慢慢放松下来，使所有部位的肌肉都慢慢松弛下来…现在继续深呼吸3次，然后再将上面的练习重复一次，先紧张起来…然后慢慢放松…现在开始正常呼吸，想象自己全身的肌肉都处于完全放松的状态，尽情享受这种放松。

2. 自生放松法

自生放松法是指通过指导语诱发练习者自身产生某种感觉体验，进而达到精神和身体放松的心理训练方法。

(1)准备姿势

方式一：练习者自然放松地坐在椅子上，双眼轻轻闭上，双臂放在椅子扶手或者双腿上，双脚自然分开，脚尖稍微朝外。

方式二：练习者自然放松地躺在床上，双眼轻轻闭上，双臂自然放在身体两侧，掌心朝下，双腿自然分开，脚尖稍微朝外。

(2)练习引导语

我正在平稳而又缓慢地呼吸。

我觉得我的周围一片安静。

我觉得自己现在非常放松。

我的双脚感到沉重，我的双脚放松下来。

我的踝关节感到沉重，我的踝关节放松下来；我的膝关节感到沉重，我的膝关节放松下来；我的双脚、踝关节、膝关节、臀部全部感到沉重，我的双脚、踝关节、膝关节、臀部全部放松下来。

我的腹部感到沉重，我的腹部放松下来。

我的双手感到沉重，我的双手放松下来；我的手臂感到沉重，我的手臂放松下来；我的肩膀感到沉重，我的肩膀放松下来；我的双手、双臂、肩膀全部感到沉重，我的双手、双臂、肩膀全部放松下来。

我的脖子感到沉重，我的脖子放松下来；我的下巴感到沉重，我的下巴放松下来；我的额部感到沉重，我的额部放松下来；我的脖子、下巴、额部都感到沉重,我的脖子、下巴、额部都放松下来。

我的整个身体都感受到宁静;我的整个身体都觉得沉重;我的整个身体都放松下来。

我的呼吸越来越深,我的呼吸越来越慢。

我现在觉得自己非常放松。

我的双臂和双手都觉得非常沉重并且温暖。

我感到非常安静。

我正处于完全放松的状态,我的双手放松而温暖。

一股轻松的暖流慢慢进入我的双手,现在我的双手温暖而放松。

一股轻松的暖流慢慢进入我的双臂,现在我的双臂温暖而放松。

一股轻松的暖流慢慢进入我的双腿,现在我的双腿温暖而放松。

一股轻松的暖流慢慢进入我的双脚,现在我的双脚温暖而放松。

我的呼吸越来越慢,我的呼吸越来越深。

我觉得我的身体非常放松,我现在感到宁静而舒适。

我的头脑宁静而空白,我感受不到周围的一切。

我保持宁静,我所有的思想都集中到身体的内部。

我的身体深处,我的大脑深处,我都是宁静而放松的。

我的头脑是清醒的,我全部的思绪都集中在身体内部,我整个人放松而宁静。

我的头脑安详、平静,我的呼吸更慢,我的呼吸更深。

我感到一种内部的平静。

我要保持这种状态一分钟。

现在结束这种放松宁静的状态,深吸一口气,慢慢起身,感觉有力量从我身体的各个部位流进我的身体,我觉得自己充满了力量和活力。

### (四)自信心培养法

在日常心理训练中,教练员可以采取多种方法来培养与提升乒乓球后备人才的自信心,下面分析几种有效的培养方式,具体要根据实际情况而选用,在培养与训练中不断强化,以促进乒乓球后备人才自信心的提升和积极思维习惯的养成。

1. 注意可控因素

普通人遇到自然灾害时，心里害怕、恐惧、极度紧张，青少年乒乓球运动员在参加比赛前也会出现害怕、紧张、焦虑的心理，这两种紧张、害怕心理虽然是在不同的情境下产生的，但二者之间有共同点，主要表现在下列两个方面。

共同点一：不确定性是人们害怕自然灾害和运动员害怕比赛的共同原因，人们遇到自然灾害时，不确定自己是否能够成功避难，安全生存下来；运动员在重要赛事前不确定自己是不是有把握取得胜利。引起紧张情绪的因素越不确定，就会产生越强烈的紧张心理。例如，运动员在预赛中，如果有很大的把握获得胜利，或者只有非常小的把握能获得胜利，那么运动员都不会太紧张，因为不确定性较小。而如果在决赛中，运动员和对手实力差不多，获胜或失败的概率各占一半，那么运动员就会产生很强烈的紧张心理。

共同点二：不可控性是人们害怕自然灾害和运动员害怕比赛的又一个共同原因。自然灾害如地震、台风一旦发生，人们不可控制，只能想办法躲避灾难，保护生命。同样，比赛进程也不是完全由运动员所掌控的，场地器材、自然环境、裁判、赛场氛围、对手等因素都会影响比赛进程。通常，诱发紧张心理的因素越不可控，就会产生越强烈的紧张心理。

面对影响比赛成绩的不确定和不可控因素，青少年自信心就会受到打击，要避免出现这个问题，就要将可控因素和确定因素找出来，对这些因素予以积极的干预和操纵，提高后备人才对比赛成绩的把握性，提升其自信心。

对不同的青少年乒乓球运动员来说，影响比赛成绩的各种因素的可控性大小是不同的，运动员要先清楚什么因素会影响运动成绩，把这些因素记下来，然后教练员把所有列出的因素综合起来，常见因素见表 5-1。

表 5-1 影响比赛成绩因素的可控性①

| 比赛成绩影响因素 | 可控程度 |
| --- | --- |
| 天气 | 1 2 3 4 5 6 7 8 9 |
| 准备活动 | 1 2 3 4 5 6 7 8 9 |
| 场地裁判 | 1 2 3 4 5 6 7 8 9 |
| 比赛器材 | 1 2 3 4 5 6 7 8 9 |
| 饮食、营养 | 1 2 3 4 5 6 7 8 9 |
| 体能 | 1 2 3 4 5 6 7 8 9 |
| 情绪 | 1 2 3 4 5 6 7 8 9 |
| 技术 | 1 2 3 4 5 6 7 8 9 |
| 战术 | 1 2 3 4 5 6 7 8 9 |
| 对手发挥 | 1 2 3 4 5 6 7 8 9 |

表 5-1 中 1～9 分别代表不同程度的可控性，1 指完全不可控，9 指完全可控，中间数字代表从完全不可控到完全可控的中间程度。数字越小，可控性越弱。不同的运动员对表 5-1 中各项因素的可控程度有不同的认识，要根据自己的真实想法勾选。

当所有人勾选完数据后，教练员回收表格，对表中各项影响因素的平均可控性分数进行计算，青少年将自己勾选结果和教练员计算出来的平均程度作比较，如果差别很大，可以说出自己的理由。教练员要多引导青少年对可控因素的关注与操控，发挥积极因素的重要作用，避免不良因素给比赛带来的负面影响。

2. 正面语言暗示

乒乓球运动员在比赛场上的心理定向与运动表现会受到语言暗示的影响，当面临重大比赛或处在重大比赛中时，运动员为了建立心理定向，常常用积极正面的语言暗示自己，这有助于提升自信心，从而在比赛中有更好的行为表现。

① 张忠秋．优秀运动员心理训练实用指南[M]．北京：人民体育出版社，2007.

有关研究表明，同样是语言暗示，积极语言暗示和消极语言暗示所起到的作用是截然相反的。用“果断”“你能行”等积极语言暗示时更容易保持自信，从而有更好的运动表现；而用“别担心”“别失误”等消极语言暗示自己的运动员会起到相反的效果，导致自信心下降，在比赛过程中频繁失误和出错，与队友配合不好，不能理解教练员的意图，最终影响比赛成绩。因此，青少年要增强自信，充分发挥自己的竞技能力，就要养成用积极正面语言暗示自己的习惯。

运动员在赛前和赛中经常会用语言默默暗示或提醒自己，可以将常用的语言写在训练日记中，将其中的消极成分找出来，然后用积极语言替换。例如，用“放松”替换“别紧张”，用“果断一点”替换“输赢不重要”，用“朝对方右侧发球”替换“千万不要失误”……

将默念积极提示语作为日常训练内容之一，对运动员用积极语言暗示自己的习惯进行培养，以增强其自信心。

乒乓球后备人才用积极的提示语暗示自己，要提示自己应该怎么做，而不是哪些不能做，因为比赛中可能有太多影响比赛成绩的行为不该做，而应该做的事或对比赛有益的事是明确可以做的，做确定对比赛有益的事能够提升获胜的概率。

3. 想象成功的情景

当人的大脑中主动形成一种表象时，大脑的神经冲动会通过传出神经诱发腺体的神经化学变化，迅速导致靶器官的外显变化。同样的道理，当运动员的大脑中主动形成一种运动表象时，大脑的神经冲动通过传出神经传至相关肌肉，诱发微细的肌肉动作。① 虽然肌肉动作不像实际运动时肌肉活动那么明显、强烈，但运动模式却类似于实际动作。如果运动员能够主动建立正确的动作表象，想象成功的运动情景，那么有助于促进自信心的提升与保持。

具体可参考以下方法想象成功情景。

(1)在乒乓球后备人才训练时，教练员为其录像，主要录关键动作。

(2)以录像的形式将成功动作或高质量动作记录下来。

(3)训练结束后反复观看教练员为自己录下来的成功动作。

---

① 张忠秋．优秀运动员心理训练实用指南[M]. 北京：人民体育出版社，2007.

(4)睡前回忆今天训练中完成的成功动作的表象,以形成并强化正确动作表象。

(5)比赛前想象自己在平时训练中所做的成功动作,尤其是关键技术的高质量动作。

通过想象成功的情景来提升自信时,以下几方面需要注意。

第一,要形成良好的习惯,使动作表象更加稳定、清晰,并提升自己控制想象的能力。

第二,确定表象练习动作时,要以训练任务及预期的练习目标为依据而进行。

第三,注重整体动作表象练习和细节动作表象练习的有机结合。

第四,先想象整体动作和动作要点,然后完成关键动作,不要在动作细节上分配太多的注意力。

第五,观看动作录像时主要是反复观看成功动作,但也要适当看看有问题的动作,以直观地认识自己的问题,积极改正,最终促进成功表象的持久保持。

#### 4. 创设熟悉的环境

有关研究表明,人们在熟悉的环境中更有自信,而在陌生的环境中会感到紧张和局促不安。因为对每个人来说,环境越熟悉,不确定因素就越少,适应起来更容易,不需要专门作一些调整也能很快适应,所以在熟悉环境中的人是自信的。但是运动员参加比赛总要穿梭于不同地方,除了自己的主场,其他比赛场地对运动员来说都是相对陌生的,在陌生环境中运动员容易焦虑、紧张,没有自信。要解决这一问题,就要尽可能为运动员创造熟悉的比赛环境,具体做法如下。

(1)参赛者在比赛中多注视自己熟悉的教练、队友和比赛物品。

(2)参赛者外出比赛可以随身携带自己的日常用品,这样即使在异国他乡,也会有亲切感。

(3)在比赛中多关注观众的加油呐喊声,获得来自外界的鼓舞,这样会更有自信。

#### 5. 提前准备方案

青少年乒乓球运动员在比赛中的自信主要来源于自己的实力和充

分的准备。提前做好各方面的参赛准备对提升自信有重要意义，可以说，提前制订准备方案是在比赛中保持自信的基础与前提。比赛准备方案需要由教练员和运动员共同制订，方案的格式并不固定，没有统一标准，但基本原则是提出“如果……”的假设，然后写出“我会……”的对策，即预测比赛中可能出现的问题，然后提出解决方案。

### （五）呼吸调整法

调整呼吸的主要目的在于稳定心理状态，提高心理稳定性，吸气时肌肉紧张，呼气时肌肉放松，肌肉张弛对心理状态的调整具有重要影响，能够使运动员克服不良情绪，平复内心，以积极稳定的心理状态去参加训练和比赛，这更有利于发挥正常水平，取得优异的成绩。

### （六）游戏转移法

游戏转移法是一种转移注意力的趣味心理训练方法，这一训练法具有较强的趣味性，能在很大程度上缓解紧张、焦虑、烦躁不安的情绪。在具体的训练中，可以用一些生动有趣的游戏来转移注意力，使青少年乒乓球后备人才摆脱紧张心理，进入一种放松状态，保持情绪稳定和身心放松。在设计这类游戏时，要提出游戏规则、要求和注意事项，让后备人才更加轻松愉快地融入游戏之中，从而取得理想的心理训练效果。

### （七）系统脱敏训练法

系统脱敏训练法是一种以渐进方式克服神经征焦虑的技术。其基本的操作原理是：当人的精神逐渐适应某种刺激，对其的反应就不再敏感，机体也不再会因为精神受到刺激而进入紧张状态。

一般来说，系统脱敏训练主要包括以下程序。

#### 1. 制定等级反应表

了解能够引起恐怖或者焦虑情绪的刺激，对这些刺激进行等级划分，并制作成等级表。

2. 放松训练

进行放松练习，每次进行 6～10 次的练习，练习的持续时间在 30 分钟左右；每天找 1～2 个时间段进行练习，目标是放松全身肌肉。

3. 分级脱敏训练

(1)放松。可以采用放松训练法。

(2)想象脱敏训练，由引导者叙述能够对练习者产生恐怖或者焦虑刺激的场景，练习者想象引导者叙述的场景并逐渐适应场景的训练。

需要注意的是，这一练习需要在安静的环境中进行，每次练习持续的时间需要在 1 小时以上才有效。同时，练习者还必须清晰地想象场景，不能逃避。引导者根据刺激的等级由低到高进行叙述，中途如果练习者出现无法忍受的状况，则退回到刺激等级较低的练习中重复练习，直到练习者能够接受更高等级的刺激。训练时间以保持在 4 个小时以内为宜。

### (八)逆境应对训练法

逆境应对训练是针对参加高水平比赛的运动员设计的一种心理训练模式，它是随着运动训练理念的更新和运动比赛水平的不断提高提出与构建的。逆境应对训练是一种新兴心理训练模式，该模式中的逆境是指阻碍运动员实现比赛目标的各种情境，应对是指克服或处理逆境的意识与方法。该模式特别强调应对的意识，因为运动员有了意识，则他们的应对就不仅是适应环境式应对，还有改变环境式应对，而且不仅能识别比赛中的逆境，还能预见逆境。①

逆境应对训练模式的特点是训练周期有弹性，要求评价应对效果的指标主客观一致，强调教练员的主导性与参与性。在逆境应对训练中，首先要寻找比赛中的典型逆境，然后通过训练，成功应对逆境，即消除逆境，具体包括四个操作阶段，操作程序如图 5-4 所示。

① 张忠秋．优秀运动员心理训练实用指南[M]．北京：人民体育出版社，2007.

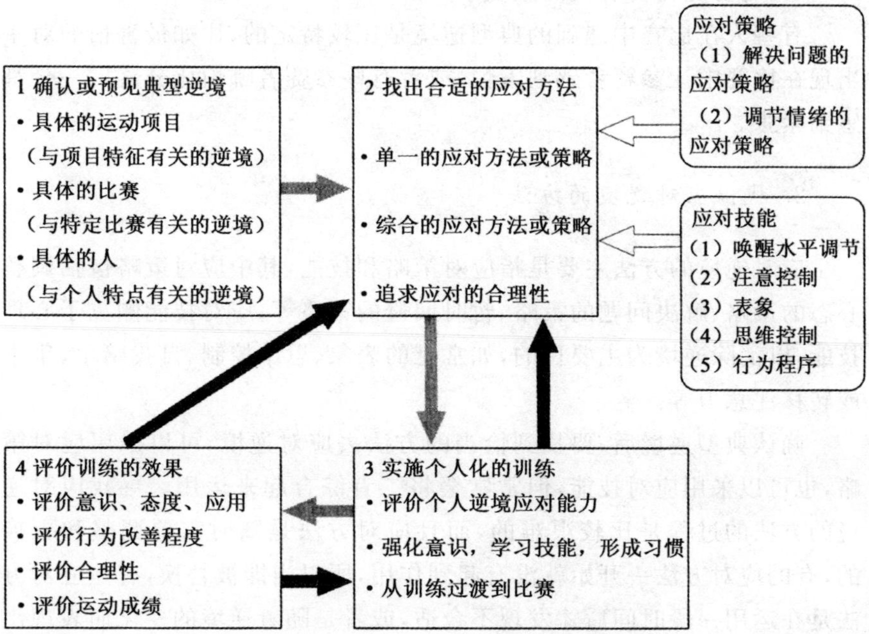


**图 5-4　逆境应对训练操作程序示意图**①

下面具体分析图 5-4 所示的四个操作阶段。

1．确认或预见典型逆境

在比赛中，那些威胁参赛者完成比赛目标的逆境被称为典型逆境，也就是关键逆境。一场比赛中的典型逆境有时只有一种，有时有多种，数量不确定。确认典型逆境是指根据已有经验识别和确认逆境；预见典型逆境是指分析评估可能发生的逆境。

比赛中的典型逆境与运动项目特征、比赛环境密切相关，因此可以将典型逆境划分为以下两种类型。

(1)与项目特征有关的逆境

比赛中的这类逆境既有个人遇到的逆境，也有运动队共同面对的逆境。

---

①　张忠秋．优秀运动员心理训练实用指南[M]．北京：人民体育出版社，2007.

(2)与特定比赛有关的逆境

有些人在比赛中遇到的典型逆境是比较特定的,比如最害怕的对手出现在比赛中让参赛者感到害怕,或者有些参赛者哪怕比分落后一分都感到紧张。

### 2. 找出应对逆境的方法

应对逆境的方法主要是指应对策略和技能,其中应对策略包括调整心态的策略、解决问题的策略、暂时回避的策略等;应对技能侧重于心理技能,以消除逆境为主要目的,如常见的表象、思维控制、自我暗示、集中或转移注意力等。

确认典型逆境后,要找到恰当的方法去应对逆境,可以采用应对策略,也可以采用应对技能,但常常会将二者综合起来运用。寻找应对逆境的方法的过程是比较艰难的,而且应对方法是随时需要调整和更换的,有的应对方法一开始就没有起到作用,所以当即被替换,有些应对方法是在运用一段时间后才发现不合适,或者是随着逆境的变化而表现出不适应性,因而也要做出调整和改动。此外,典型逆境的应对方法是很丰富的,教练员和运动员可以自己创造方法,而不要一味局限于现有的技能与策略。

教练员和运动员一定要选择合理的方法去应对逆境,这里的合理表现在两个方面,一是对自身不合理的控制,二是善于将对方的不合理利用起来。选择合理的应对方法时,需要对不同的应对方法进行对比分析,谨慎选择出最佳应对方法。

### 3. 实施个人化训练

(1)评价逆境应对能力

在个人化训练的开始,要先评价训练对象应对逆境的能力,这方面的评价主要从三个维度展开,包括逆境出现之前对逆境的预见力;遇到逆境后对逆境的承受力以及应对逆境时对逆境的控制力。个人应对能力的评价方式主要有观察法、教练员评估法、问卷法以及访谈法等。

(2)强化意识,学习技能,形成习惯

首先,强化运动员正确看待逆境的意识,使运动员知道逆境在所难免,属于正常现象。

其次,使运动员学习并掌握应对逆境的方法,在实践运用中不断修订应对方法。

最后,培养运动员面对逆境的自动化反应能力、积极思维能力、控制逆境的能力以及用实际行动解决逆境的能力,将发挥这些能力培养成为自动化习惯,这是个人化训练的最高境界。运动员在特定逆境中能够表现出这种习惯,以积极的方式去应对预见的或已经产生的逆境。

(3)从训练过渡到比赛

将逆境应对训练中掌握的逆境应对方法和形成的逆境应对能力运用到比赛中,在实战中对方法的可行性、实效性进行检验,并不断调整,促进良好应对习惯的巩固与强化。

(4)评价训练效果

对逆境应对训练效果进行评价,主要从以下三个方面展开。

①评价的维度

一是对意识的评价,即运动员是否树立了逆境是正常现象的意识;

二是对态度的评价,即运动员是否以积极态度去应对客观存在的逆境;

三是对应用的评价,即运动员在比赛中是否运用合理的方法去应对逆境以及应对效果如何。

进行以上三个维度的评价时,可采用的评价方式主要有观察法、教练员评估法、问卷法以及访谈法等。

②评价的内容

在逆境应对训练效果的评价中,具体评价内容有以下几项。

评价应对行为:当出现典型逆境时,运动员的反应能力和应对行为是否有进步,并反映在良好的竞技表现中。

评价合理性:综合逆境应对方法本身的合理性与参赛者在比赛中使用专项技能的合理性来评价逆境应对效果,这就要求教练员积极参与逆境应对训练。评价时,要看评价对象采用的逆境应对方法是否与其使用的技战术一致,可以鼓励后备人才大胆尝试和创新,只要能解决问题,不违背规则即可。

评价运动成绩:当评价逆境应对训练效果如何时,要将比赛成绩的进步情况作为一项标准去检验。这是一项终极检验标准,如果在与典型逆境相匹配的赛事中运动成绩明显提升,则说明逆境应对训练效果好,反之则说明训练效果差。

## 四、乒乓球后备人才训练与比赛期间的心理卫生指导

### (一)焦虑的心理卫生指导

1. 焦虑与运动焦虑

焦虑是一种常见的心理反应,它与一般的心理反应相比程度比较重,也就是“过度”。适当的焦虑有利于促进智力的激发、提升,促进身体活动能力的改善。但如果过度焦虑,总是胡思乱想,思想悲观,总想一些严重的后果,注意力就无法集中,会对身体活动造成严重影响。

运动焦虑是焦虑的特殊表现,指的是运动员在训练和比赛中,对当前的或预计到的潜在威胁情境产生的担忧倾向。

2. 运动焦虑的干预

过度的运动焦虑会对运动训练和比赛发挥造成不良影响,因此必须及时采用科学的方法实施干预,常见的干预和缓解方式如下。

(1)通过想象缓解焦虑

对最担心比赛中出现的焦虑情境加以想象,体验这种焦虑的感觉,尝试与焦虑共存,尽管它会让自己觉得不舒服,但只要不危害生命健康即可。这种想象的方式能够使运动员仿佛置身于真实的焦虑情境中,然后作好应对的准备,心里有底,自信心就能够有效提升。

(2)理性思考

当遇到焦虑情境时,认真思考自己是否把事情想得过于严重了,面对这种情境,如果不一味悲观妥协,而是想办法处理,是否可以改变处境,使事情向着对自己有利的方向发展,如果可以,那么下次遇到类似的情境时就要以新的思考方式去想应对和处理的策略,换种思维方式可能会使自己“柳暗花明又一村”。

(3)写日记

乒乓球后备人才养成写日记的习惯有助于减压,在日记中记录烦恼,从中发现压力来源,分析压力的类型,学会放下思想包袱,给自己减

压,写完日志之后便会感到一身轻松。

### (二)抑郁的心理卫生指导

抑郁的基本情感特征是低沉、灰暗,症状较轻者表现为心情烦闷、心烦意乱、消沉、郁郁寡欢、状态不佳;症状较重者表现为悲伤、绝望。当发现运动员有轻度抑郁症状时就要及时干预和疏导,以免症状加重,造成严重的后果。

#### 1. 克服抑郁

在帮助乒乓球后备人才预防与克服抑郁困扰方面,教练员发挥着重要的作用,应在运动心理训练中做好以下几方面的工作。

第一,正确引导后备人才调节自己的心理。

第二,对后备人才多加鼓励,提升其自信。

第三,对后备人才乐观积极的人生态度进行培养和引导。

第四,帮助后备人才制订难度适宜的个人训练计划。

#### 2. 抑郁的心理疗法

(1)合理情绪疗法

治疗抑郁的心理学方法中,认知心理治疗是非常有效的方法之一,其中就包括合理情绪疗法,具体就是引导抑郁症患者树立正确的信念,形成合理的思维方式,帮助其摆脱不良情绪的困扰,使其心境变得豁然开朗。在采用这一心理疗法时,要先与抑郁个体进行面对面的交谈,然后对症采取行为矫正技术,对其错误的思考方式和不恰当的认知加以纠正,使其认识到自己所曲解的概念,最终改善自己的行为方式。

(2)支持疗法

支持疗法也是针对抑郁问题的一种常见心理疗法。心理咨询师运用丰富的心理学知识与抑郁者进行深入的交谈,深入他们的内心世界,了解并解决他们的心理问题,帮助患者减轻痛苦,使患者的人生态度、行为方式都发生积极改变。

采用支持疗法的一般程序如下。

首先,倾听抑郁个体的倾诉。

其次,对抑郁个体的错误认知和消极态度进行解释指导。

再次，对个体进行鼓舞。

最后，强调个体要发挥能动性，依靠自己的主观意识与意志力主动摆脱不良心理。

### （三）强迫症的心理卫生指导

强迫症是一种神经征，主要就是强迫症状，自我强迫和反强迫同时存在是强迫症的主要特点。强迫症患者的自我强迫与反强迫之间形成强烈的冲突，从而让患者产生痛苦、焦虑的感受。

强迫症患者产生一种自身反抗与抵触的观念，虽然努力抵抗，但无济于事，有另一种相反的意识支配患者去违反自己意愿，做自己不想做的事。强迫症患者深知这是不正常的神经征，又不能摆脱这种困扰。

对于有强迫症的后备人才，要及时进行心理干预与治疗，在治疗中以精神分析法为主。采用这种方法时，回顾治疗对象的生活经历，从以往经历中对可能造成强迫症的事件或影响因素进行深入挖掘，对当时的情境、体验进行表象与回忆，并结合现实对过去产生新的认识，修正错误表象。只有对过去的经历给予重视，才能使后备人才重新对待自己的“心结”。

心理学专家在精神分析方面常常采用的心理学手段有催眠、自由联想、释梦等，具体要结合强迫症状和表现来采取恰当的手段。

# 第六章　体教融合视域下乒乓球后备人才核心技能素质的培养

乒乓球技战术能力是乒乓球竞技能力系统中的核心要素，那么乒乓球技术、乒乓球战术自然也就成为乒乓球后备人才核心技能素质培养的主要内容。良好的技战术能力是乒乓球后备人才发展成为优秀乒乓球运动员的必备能力，是参与乒乓球比赛的制胜法宝，在乒乓球后备人才的系统培养尤其是运动训练中必须高度重视技战术训练，使后备人才能够熟练掌握、灵活应用各项乒乓球技战术。本章在体教融合视域下重点探讨乒乓球后备人才技术与战术能力的训练与培养。

## 第一节　乒乓球后备人才技术训练与培养

### 一、乒乓球技术理论的学习

#### （一）乒乓球击球技术的结构

1. 选位

乒乓球击球技术中，最开始的阶段是选位，运动员在对适宜的击球位置加以选择的时候，要先明确自己即将采用什么击球方式，所选的位置要为接下来的击球提供方便。

乒乓球比赛是一个动态过程，场上瞬息万变，因此乒乓球运动员的位置并不是固定的，即使最初已经选好了击球位置，在比赛中还是要根据来球的变化而调整位置，这就对乒乓球运动员预判来球的能力提出了一定的要求，预判的内容包括来球的速度、旋转性质以及落点。预判后根据需要快速移动来改变击球位置，然后在最佳位置上采用最佳击球方式。

2. 引拍

选好击球位置后，接下来的环节就是击球准备动作——引拍。引拍是否合理，直接关系到能量储备是否充足，功能性准备是否已经做好，只有能量充足，做好充分的功能性准备，才能更好地为之后的正式击球提供便利，提高击球质量。因此，合理引拍非常关键。引拍时要特别注意角度与幅度两个因素，它们直接关系到是否能够有效击球和击球质量是否理想的问题。在乒乓球比赛中，运动员的身体重心是不断变化的，这会对引拍动作起到控制作用。

3. 迎球挥拍

引拍动作完成后，手臂固定在一定位置，从这时起到球拍将来球击中为止的过程就是迎球挥拍。这个动作阶段的核心是运动员持拍手前臂快速收缩。为了使挥拍更加稳定，提高挥拍质量，运动员还需要根据来球情况调整身体重心。

4. 击球

在击球技术的整个结构体系中，核心环节便是球拍触球回击。选位、引拍、挥拍都是击球的准备工作，都是为了高质量地完成这一环节的动作。乒乓球运动员通常选用的触球方式既有摩擦也有撞击，而且在击球时身体各部位协调配合，共同发力，能有效促进击球的稳定性和质量的提升。

5. 随势挥拍及动作还原

在击球技术的完整过程中，最后的阶段就是随势挥拍和动作还原。

随势挥拍：这个动作直接关系到击球弧线的形成，完整的击球动作必须要有这个环节，完成好这个动作能够有效实现预期的击球效果。

动作还原：这是保障击球连续性的必要动作，只有先还原身体重心和击球动作，重新调整准备姿势，才能更好地完成接下来的击球（见图 6-1）。

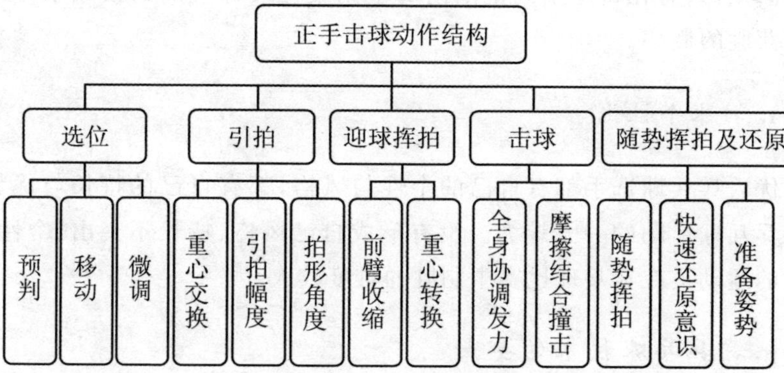


图 6-1　正手击球动作结构①

(二)乒乓球专项技术特征

1. 技术多样性

乒乓球体积小，重量轻，旋转多，所以乒乓球技术多种多样，而且变化快，这是乒乓球运动和其他球类项目相比最明显的特点之一。不管是发球，还是接发球，都会产生复杂多变的旋转。

2. 技术细腻性

乒乓球技术在“三小球”中是最细腻的，与这项运动本身的属性有关，如体积小、较快的速度、较多的动作变化以及较强的技巧性等。细腻

① 兰彤．乒乓球正手击球技术原理阐释[J]．体育研究与教育，2016，31(03)：75-81.

的技术对运动员的神经系统功能、运动部位的感知觉能力提出了较高的要求，因此在乒乓球运动中培养球员的球感非常重要。

3. 技术立体化

在乒乓球运动中，运动员发球和接发球的范围是一个立体空间，包括前后、左右、上下多个维度和角度。竞技乒乓球运动中对抗双方的较量是全方位的，任何一方的作战都必须是立体性的，要在不同的站位上都表现出自己的竞技实力，所以说乒乓球比赛是一场全方位的立体空间作战活动，只有在特定空间范围内的不同站位发挥全面的技战术，才能提高获胜的概率。

4. 技术个性化

优秀乒乓球选手都有自己的个性与风格，都有自己的特长与优势，这是乒乓球运动的一大魅力。没有形成自己风格、特长不突出、个性不明显的运动员在乒乓球比赛中制胜的难度较大。

### (三)乒乓球技术的要点

1. 力量

在乒乓球运动中，击球力量是击球速度和球在空中旋转的基础，球在空中的飞行速度和旋转又直接反映出击球力量的大小。运动员运用球拍对球体施加力量后，在瞬间球拍与触球点相互作用，从而使球的运动方向、飞行速度发生了改变。从物理学的角度来看，球拍质量与挥拍加速度二者之积就是击球力量。提高挥拍加速度是增加击球力量的重要方法。

2. 速度

乒乓球运动的击球速度主要由以下两个因素决定。

第一，还击来球的时间。在击球力量一定时，还击来球时间的长短直接影响击球速度。二者成反比，即这部分时间越短，速度越快，这就是运动员通过打球的高点期来加快速度的原因。

第二，击球后球的空中飞行时间与击球速度成反比，即时间越短，击球速度越快，这就是乒乓球运动员击球时加大击球力量以缩短球的飞行时间，从而加快速度的原因。

3. 旋转

球产生旋转的基本原因在于摩擦力，即球拍触球后产生的与拍面平行的力。与球旋转相反的一种运动状态是球平动，而球平动的基本原因在于前进力，也就是球拍触球后产生的与拍面垂直的力。前进力和摩擦力是击球时作用力的两个分解力量，它们的产生与力臂有关，也就是击球时力的作用线与球心的垂直距离。力的作用线与球心之间有距离，说明作用线并没有通过球心，而如果通过球心，就不会产生力臂，也就不会产生旋转。

4. 弧线

乒乓球运动中，球的飞行弧线主要受以下两个因素的影响。

第一，球的出手角度，它指球飞行弧线的切线与水平面的夹角。击球时的拍面角度、发力情况、来球旋转情况都会影响球的出手角度。

第二，球的出手速度，它是指球离开球拍时的瞬时速度。乒乓球运动员的击球力量决定了球的出手速度。

这里以攻球为例解释球的出手速度与出手角度对球飞行弧线的影响。球的出手角度不足 45°时，出手速度与弧线曲度成反比，速度越大，曲度越小。球的出手速度固定不变时，出手角度与弧线曲度成正比，角度越大，曲度越大。

5. 落点

作为综合性概念的落点既是乒乓球技术的主要构成部分，也是乒乓球战术的构成因素，同时它也是上面四个要素的集中体现和综合反映。在乒乓球运动中，要通过控制落点来取得好的技术效果和战术效果，就要对力量、速度、旋转及弧线四个因素之间的关系进行综合处理。

## 二、乒乓球技术动作习练

### （一）握拍技术

1. 技术学习

（1）直握法

以日式弧圈球握拍法为例。拇指紧贴拍柄左侧，食指扣住拍柄。正手拉球时，中指和无名指伸直，以第一指节握住球拍；反手推挡时，食指内扣得深一些，拇指放松（图 6-2）。

图 6-2　直握法

（2）横握法

中指、无名指和小指握住拍柄，拇指在球拍正面，食指在球拍反面，虎口轻贴球拍。正手攻球时，食指压拍，与中指控制拍形，共同传递击球力量，并利用食指制造弧线以辅助发力（图 6-3）。

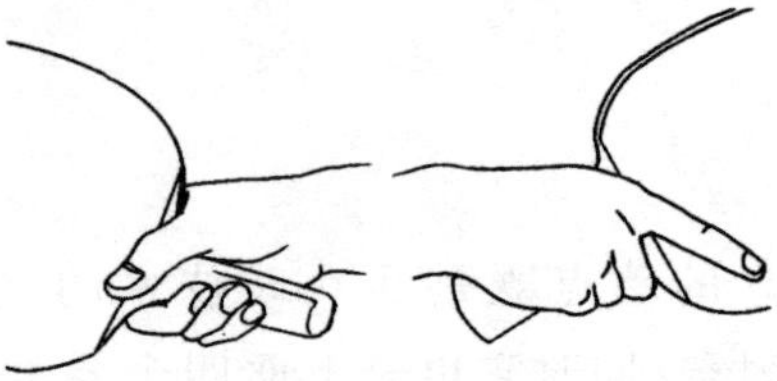

图 6-3　横握法

2. 技术练习

(1)徒手握拍模仿练习,随时检查握拍时手指的位置。
(2)两人一组做正手攻球练习,彼此关注对方的握拍方式是否正确。
(3)观看优秀乒乓球选手的握拍方式。

## (二)发球技术

1. 技术学习

(1)反手发急下旋球

拍面稍微后仰,手腕抖动发力向前下方弹击,触球时微转,增强下旋力,争取使球的第一落点靠近本方台区端线(图6-4)。

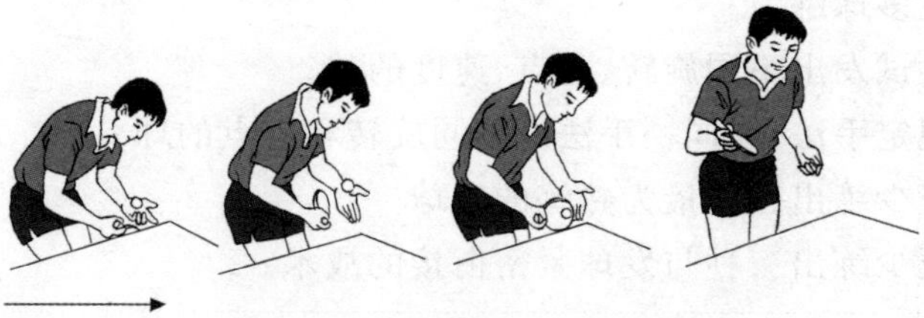

图 6-4　反手发急下旋球

(2)侧身正手发低抛左侧下旋球

用拇指用力压拍,从球的右侧中下部向左侧下部摩擦(图6-5)。

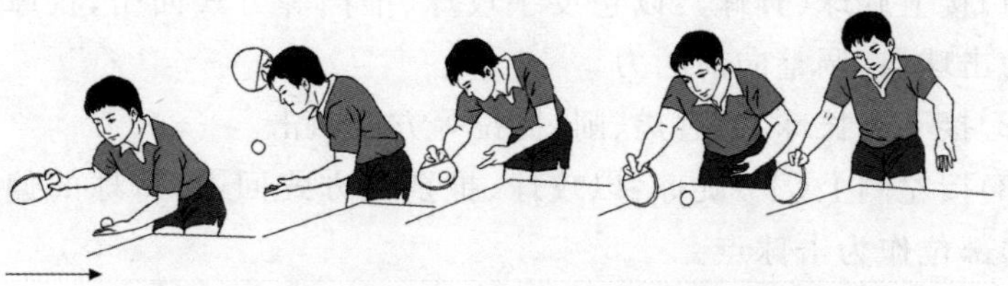

图 6-5　侧身正手发低抛左侧下旋球

(3)侧身正手发低抛左侧上旋球

食指稍用力压拍,从球右侧中下部向左侧面摩擦球(图6-6)。

图 6-6　侧身正手发低抛左侧上旋球

2. 技术练习

(1)观看优秀乒乓球运动员的比赛视频，重点观察其发球动作和发球战术。

(2)徒手做各种发球技术练习。

(3)发多球练习。

(4)尝试发出不同旋转、落点、速度的球。

(5)规定手法，如同一手法发不同旋转和落点的球。

(6)至少练出三种最为熟练的发球。

(7)至少练出三种与发球紧密衔接的战术。

## (三)接发球技术

1. 技术学习

(1)接上旋球(奔球)：以正反手攻球、推挡等方式回击，将球的中上部作为击球点，调整向前的力。

(2)接下旋长球：通过搓、削、提拉等方式回击。

(3)接左侧上(下)旋球：以攻球、推挡等方式回击，将球的偏右中上(中下)部位作为击球点。

(4)接右侧上(下)旋球：以攻球、推挡等方式回击，将球的偏左中上(中下)部位作为击球点。

(5)接转与不转球：如果还未来得及判断或判断模糊，可轻轻托一板或撇一板，但要对弧线和落点进行重点观察。

(6)接高抛发球：如果球着台后拐弯程度大，注意提前向拐弯方向引拍。

2. 技术练习

(1)观看优秀乒乓球运动员的比赛视频,重点观察其接发球技术以及连带的技术结合方式。

(2)使用规定接发球技术接对方发来的相同属性发球。

(3)接对方发出的不同属性的球。

(4)用不同技术接对方发来的旋转球。

(5)不定点不定属性的接发球练习。

(6)两人一组进行发球与接发球练习。

### (四)推挡球技术

1. 技术学习

(1)挡球

以右手为例,挡球时,两脚左右开立,击球前,前臂伸向来球方向。触球时,借助来球的反弹力将球挡回。在上升期,击球的中间部位,拍形与台面几乎垂直。击球后,快速收拍还原。

(2)加力推

准备时,前臂向后收,调整拍形角度,在上升期后段或高点期击球中上部。击球时,固定好拍形,手腕不加转动(图 6-7)。

图 6-7　加力推

(3)推下旋

准备击球时,避免手腕外转,用拇指压拍,拍面稍后仰,在上升期后段击球的中下部位。推击时要适当增加向前和向下的力量(图 6-8)。

**图 6-8　推下旋**

2. 技术练习

(1)观看优秀乒乓球运动员的比赛视频,重点观察推挡球技术和连带技术的应用。

(2)徒手挥拍推挡球技术练习。

(3)两人一组对推练习。

(4)两人一组,一人攻球,另一人推挡。

(5)两人一组,一人拉弧圈球,另一人推挡。

(6)供多球推单一落点或规定多个落点的练习。

**(五)攻球技术**

1. 技术学习

下面主要分析两种正手攻球技术。

(1)正手扣杀

视来球长短调整站位,随腰部转动,手臂向后引拍,加大击球力量。手腕与手臂一起向前向下发力,击球中上部位,然后迅速还原(图 6-9)。

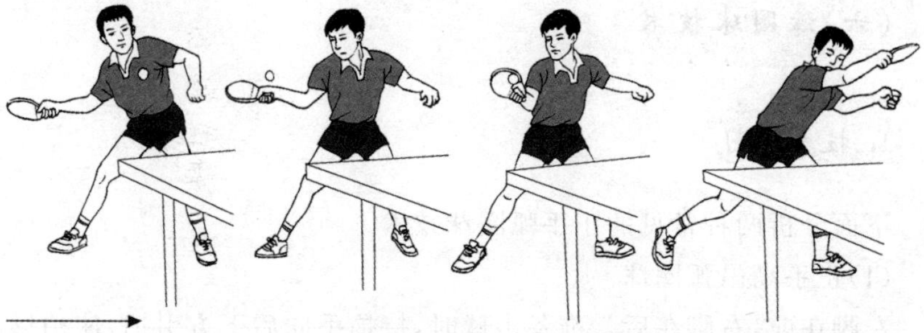

图 6-9 正手扣杀

(2)正手快带

左脚在前，右脚在后，身体稍向右转，持拍手向后引拍，手臂随腰和髋的转动迎前带击，手腕不动，以借力为主，在球的上升期击球的中部或中部偏右，击球后及时调整重心，并还原(图 6-10)。

图 6-10 正手快带

2. 技术练习

(1)观看优秀乒乓球运动员的比赛视频，重点观察攻球技术的运用。

(2)徒手模仿正、反手攻球技术动作，特别要注意腰腹和重心的协助发力方法的运用。

(3)两人斜线正、反手攻球练习。

(4)做正、反手三点攻练习。

## (六)弧圈球技术

### 1. 技术学习

下面分析两种常见的正手弧圈球技术。

(1)正手高吊弧圈球

左脚在前,右脚在后。准备击球时,持拍手向后下方引拍,使拍形固定。即将触球时,手腕向前上方加力,腰部与下肢协调用力,在球的下降期摩擦球中部或中上部。击球后迅速还原,重心落在左脚(图 6-11)。

图 6-11　正手高吊弧圈球

(2)正手侧旋弧圈球

左脚在前,右脚在后。拍面略向右倾,在球的下降期,上臂带动前臂和手腕用球拍摩擦球的右中部或右中上部(图 6-12)。

图 6-12　正手侧旋弧圈球

### 2. 技术练习

(1)观看优秀乒乓球运动员的比赛视频,重点观看其弧圈球技术的运用。

(2)徒手原地模仿拉弧圈球技术的动作。

(3)徒手结合步法模仿拉弧圈球技术。

(4)单点多球拉弧圈球技术练习。

(5)单点多球送下旋拉弧圈球技术练习。

(6)单点单球连续拉弧圈球练习。

(7)一人发中路出台的下旋球,另一人拉弧圈球练习。

(8)搓球后拉球的弧圈球结合练习。

(9)弧圈球结合其他技术的练习。

## (七)搓球技术

1. 技术学习

(1)慢搓

正手慢搓时,右脚在前,左脚在后,击球时,持拍手向前上方用力,同时外旋转腕,在球的下降后期摩擦球的中下部。前臂在击球后保持不动(图 6-13)。

图 6-13　正手慢搓

(2)快搓

正手快搓时,右脚稍前移,身体靠近球台。来球在身体左侧时,可运用反手搓球。击球时,上臂迅速前伸,前臂跟随向前,拍形稍后仰,利用上臂前送力量,在球的上升期击球的中下部。

在用正手搓身体右侧球时,身体稍向右转,手臂向前右上引拍,然后前臂和手腕向前下方用力,在上升期击球中下部。还可以用侧身攻球、反手攻球或削球来回接右侧上旋球。但注意拍面应稍向右偏斜,其他动作要领与接左侧上旋球相同。

当对方发来右侧下旋球时,可用搓球或削球接。接球时,拍面应略向右偏斜,其他动作要领与接左侧下旋球相同。正手位回接右侧下旋球时，可用抽球回接，最好是用拉抽的方法。接球时，拍面略向右偏斜并适当加大提拉的力量，这样才易提高准确性。

2. 技术练习

(1)观看优秀运动员的比赛视频，重点观察其搓球技术及结合技术的运用。

(2)徒手模仿搓球动作练习。

(3)一人发近网下旋球，另一人搓接。

(4)两人对搓练习。

(5)搓球与攻球相结合练习。

### (八)削球技术

1. 技术学习

(1)削追身球

来球在身体偏右侧时，向右上方引拍，在球的下降前期击球中部或中下部，前臂用力向下压球，控制球的弧线。击球后，手臂随挥并快速还原(图 6-14)。

图 6-14　削追身球

(2)接突击球

用单步或跳步后退并提拍上举，两眼目视来球，前臂协同身体重心向下用力，下切快接。手腕发力控制好拍形(图 6-15)。

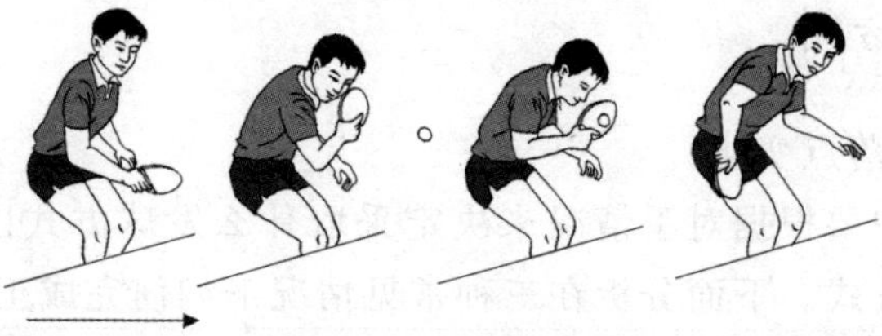

图 6-15　接突击球

2. 技术练习

(1)观看优秀乒乓球削球选手的比赛视频,重点观察其削球技术的运用。

(2)徒手模仿削球动作练习。

(3)用正、反手削直线和斜线练习。

(4)不定点来球削固定点练习。

(5)搓削结合与削攻结合练习。

## 三、乒乓球实用技术实战技巧培养

### (一)实用发球技术实战技巧

以正手侧上、下旋发球为例。

1. 实战意识

第一,让对方对来球是侧上球还是侧下球产生模糊判断,从而无法准确接球,出现失误。

第二,迫使对方回击质量较差的球,从而给自己制造机会。

第三,迫使对方在本方的预测内或按照本方的意图接发球,而本方可以打出自己擅长的球。

第四,防止对方获得主动权,这是正手侧上、下旋发球实战应用的最低要求。

2. 运用方式

(1)线路落点变化

在实战中要根据对手情况来决定采取什么发球方式以及如何运用所选的发球方式。下面分析在三种常见情况下如何完成正手侧上/下旋发球。

第一，若对方步法移动不及时、不灵活，考虑大角度发球，增加对方移动范围，使其移动不及时而出现失误(图 6-16 之①、②、⑤)。

第二，若对方正手击球，且有较强的进攻性，则选用击短球的方式使对手的进攻受到限制(图 6-16 之②、③、⑤)。

第三，若对手左手持拍，可以考虑向对方正手进行斜线大角度发球(图 6-16 之④)。

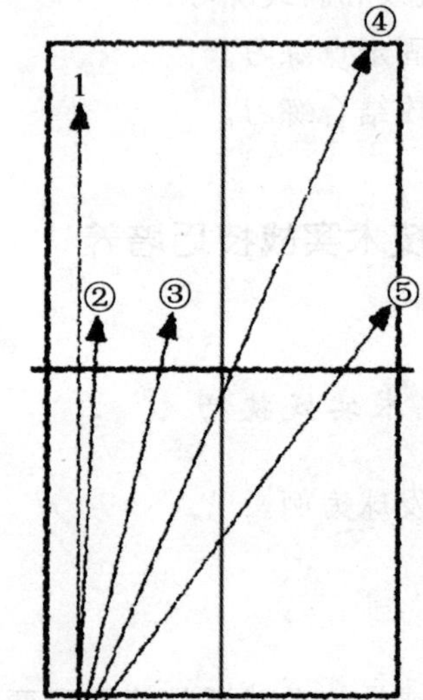


**图 6-16　线路落点变化中的发球**

(2)旋转变化

第一，若对方反手搓球或推拨球的技术水平不高，或推拨能力差，那么本方可向对方反手位发侧下旋球，迫使对方接球出界。

第二，如果对方正手挑打侧上旋压不住球时，则主要采取的战略是发近网中路侧上旋短球，使对方挑打时出现球出界的现象。

第三，若对方接反手位发球、侧身抢攻上旋球的技术能力比较强时，本方可发侧下旋球，这样对方在侧身抢攻时容易出现击球下网的现象。

(3)速度变化

正手侧上、下旋发球的球速都比较快，向两个大角发长球的速度更快，采用这些发球方式可以将对方接台内球的节奏和习惯打破。发近网球时，虽然速度不太快，但因为角度大，对方移动范围大，所以给对方接球增加了难度。

在正手侧上、下旋发球中，要将弧线尽可能压得低一些，这样既能提高速度，又能使对方无法顺利实施上手挑打近网球的回击战术。

### (二)实用接发球技术实战技巧

以推(拨)接球技术为例。

#### 1. 实战意识

第一，对来球情况进行准确判断，伺机果断实施具有速度优势的推(拨)接球技术。

第二，在实施推(拨)接球技术时，要将接发球的线路和落点明确下来，旨在将对方控制住，为本方既定战术的实施提供便利，并尽可能达到直接得分的目的。

#### 2. 运用方式

(1)接球

对来球性质进行判断，若来球非旋转球，采用更具有主动性的推(拨)接球技术。不推时，立起球拍，避免前倾，推下旋接球时，动作向前偏向上。拨接时，球拍稍前倾，利用摩擦力控制弧线曲度。

面对对方发来的侧上旋球，对拍面方向进行调整，预防接球出界。若对方是正手发球，面向对方右方调节拍形，若对方是反手发球，则要面向对方左方调节拍形。对拍面方向进行调整时，注意球拍前倾的适宜性，以能够将弧线压住，且预防回球过高或出界为主。来球的旋转性能影响本方调整球拍的前倾角度，来球上旋程度和本方球拍前倾角度成正比，旋转越强，前倾角度越大，而且要适当多向前一些完成挥拍动作。

(2)回击

①线路落点变化

回击高质量的球，要树立变线和压大角的意识。采用推(拨)接发球技术时，要对对方正反手的技术实力和其他情况进行综合判断与分析，从而作出推直线或推斜线大角的决定。在对方正手攻球实力较强，但步法不灵敏，而且对方侧身位发球时正手位有较大空当的情况下，本方适宜推接直线球(图 6-17)。

对对方的技术、站位、步法进行判断，只要在两个方面暴露缺陷，就可以通过调整线路落点来打出高质量的回击球。

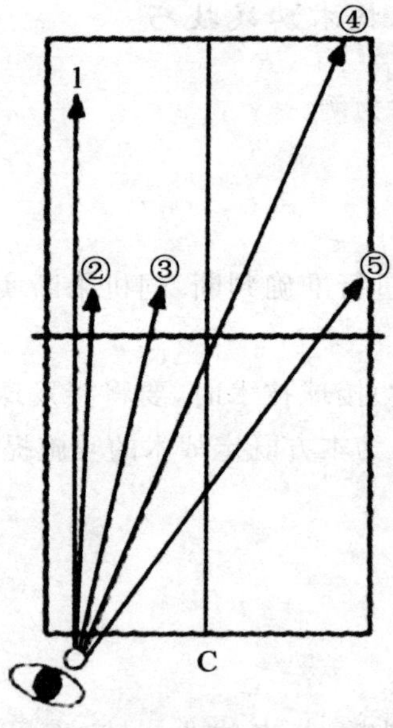


图 6-17　线路落点变化中的回击

②速度变化

要干脆利落地完成推(拨)接球，以体现出其速度优势。如果回击不够“突然”，那么失去速度优势的回击不会给对方带来威胁。

### （三）实用进攻技术实战技巧

#### 1. 正手攻球技术

（1）实战意识

①不管是发球，还是接发球，都要控制好出球，提高速度，迫使对方的回球对自己来说是进攻的好机会。

②观察与了解对方的弱点，将专门攻克对方薄弱环节的技战术放到一个体系中，在实战中根据对方暴露出的缺陷从体系中选择适宜的技战术。

③坚持扬长避短的准则，尽可能将自己的特色与优势发挥出来，以自己擅长的正手攻球技术为主要进攻技术，其他技术为辅助进攻技术。以己之长攻彼之短。

（2）运用方法

①击球位置在左半台时，用推挡控制，寻找机会进行正手进攻。

②合理移动脚步，步法移动与击球动作要协调完成，左脚蹬地，右脚向侧方向大步跨出，同时引拍，右脚跟着地后挥拍击球。

③合理控制引拍幅度，移步时顺势转腰。打直线和打斜线时，击球点不一样，前者在身体侧面，后者在身体侧面偏前位置，而且击球时间也不一样，前者击球时间稍晚，后者稍提前。

#### 2. 弧圈球技术

（1）实战意识

①弧圈球技术的优势在于旋转，要积极利用这类技术对旋转的适应性来创造良好的进攻机会。

②以弧圈球技术为进攻手段时，明确正手弧圈球、反手弧圈球的主体和辅助地位。

③合理衔接弧圈球技术和其他技术，根据需要综合运用不同进攻技术。

（2）运用方法

①选择弧圈球技术打法时，用搓球技术对对方施加控制，从而迫使对方打出机会球。

②观察来球的旋转性质，及时移动脚步、转腰、引拍，一气呵成，并根据观察和判断来决定击球力量的大小，将引拍幅度控制好。如要力量

大，通常转腰、引拍幅度也大。

③并步时，挥拍拉球，抓紧时间将回接的线路确定下来。

④若对方侧身位进攻技术水平较差，本方以打搓拉战术为主，从而等待进攻机会。

3. 连续进攻组合技术

以正手拉球、扣杀的组合技术为例。

(1)实战意识

①正手拉球、扣杀的组合技术在速度上占优势，所以在实战中要发挥这一制胜优势。

②和旋转球对速度、落点的要求相比，拉球的要求更严格一些，即速度快，落点变化多，也就是说，要求拉球要“突然”一些。

③高质量完成拉球、扣杀的组合技术，会给对方造成严重的打击，容易使对方回接球时表现不理想。

(2)运用方法

①正手拉下旋时，击球位置离球台较近一些，不适合采用幅度过大的动作，要将拉出速度、控制进攻落点作为重点对待。

②若对方以防守为主时，寻找机会球，伺机正手扣杀。

③如果对方以削球为主，本方的拉球扣杀组合技术就要连续使用了，而且为了迫使对方打出机会球，也可以将拉球、摆短结合起来运用。

## 第二节　乒乓球后备人才战术训练与培养

### 一、乒乓球战术理论学习

#### (一)乒乓球战术的概念

乒乓球战术指的是乒乓球运动员在比赛中根据双方情况对自己的体能合理分配，将自身的特长技术充分发挥出来以制约对方，且以战胜对手为目的而采用的合理计策与有效行动的总和。[①]

### （二）乒乓球战术的内容

1. 战术指导思想

在乒乓球战术内容体系中，指导思想居于核心地位，指导思想是否正确，直接决定了战术行动的针对性与实效性是否很强，进而决定了比赛成绩。

2. 战术知识

战术知识包括战术的分类、表现形式、发展趋势、运用条件与实施原则等与战术有关的丰富知识，掌握好这些知识，能够为科学制订与有效实施战术方案奠定良好基础。

3. 战术意识

对乒乓球运动员来说，战术意识非常重要，只有具备较强的战术意识，运动员才能在变化莫测的复杂比赛环境中灵活应对，迅速调整自己的状态，实施对自己有利的战术行动。

4. 战术行动

战术行动指的是具体的打法、动作和一系列配合，要将战术方案落实到实战中，实现预期战术意图，必须付诸战术行动。乒乓球运动员的战术行动并不是盲目的，而且有特定目的的，为达到目的而采取战术行动，这对乒乓球运动员的心理素质、技术能力提出了较高的要求。

### （三）乒乓球战术的特征

1. 思维与行动的统一性

乒乓球战术既属于思维方法的范畴，也属于行为方法的范畴。

① 苏丕仁．乒乓球运动教程[M]．北京：高等教育出版社，2004.

首先分析作为思维方法的战术，它包括战术指导思想、战术意识、战术理念等内容。乒乓球运动员在实战中要实施某种战术方案，完成具体的战术行动，都要以战术指导思想为准则，战术方法的使用效果直接受到战术指导思想的影响。乒乓球比赛环境复杂多变，运动员不仅要将既定战术发挥出来，还要根据赛场情况灵活采取新战术，而运动员能否做到这一点，与其战术意识的强弱有关。乒乓球运动员的战术理念是否先进，决定了其在实战中采取战术行动的态度与决策。

简单来说，作为行为方法的战术主要包括各个比赛阶段中的具体打法和配合行动。

乒乓球战术既是思维方法，也是行为方法，二者有密切的关系，一般用“决策和实施决策”来解释这种关系。二者的关系在赛场上呈现出以下几方面的特征。

首先，乒乓球比赛瞬息万变，因此运动员必须快速形成相应的战术思维，战术行为也必须快速完成，也就是说要在瞬间内完成决策并实施决策。

其次，乒乓球运动员在比赛中的决策并不是从众多决策中精心挑选出来的，因为比赛时间紧迫，不允许运动员进行长时间的思考与选择，他们最终的决策都是“只能这样”的唯一选择。

最后，乒乓球战术既具有逻辑性，又具有直觉性，虽然乒乓球运动员在比赛中选择战术都是瞬间的决定，但是在比赛之前就经过缜密思考构建了战术体系，战术体系中每个战术都是运动员结合实战经验进行逻辑思考的结果。但如果比赛形势出乎意料，超出运动员的预测，运动员就会凭借直觉思维的引导而采取战术行动，这就是乒乓球战术的直觉性。乒乓球战术的直觉性增加了乒乓球战术意识培养的难度。

2. 计划性与可变性

一些重大乒乓球比赛的举办日期确定后，教练员与运动员为迎接比赛，都会投入一系列的准备工作中，其中制订战术计划就是准备工作中非常重要的一个内容。经验丰富的教练员与运动员尤其重视对战术计划方案的制订。在战术计划的制订中，制订者会根据自己了解的信息估计对方竞技实力，同时对比赛环境、条件等客观因素作出判断。运动员是否科学制订战术计划在一定程度上会对比赛中战术运用效果及比赛成绩有直接的影响。

任何计划都是根据预测拟订的，但乒乓球比赛中总会出现一些事先无法预料的形势，即使计划再详细，再周密，也会与瞬息万变的乒乓球比赛实况有差别，面对意料之外和计划之外的事件，要灵活调整计划，随机应变，而不能机械性地实施原计划，否则就会严重影响技战术的发挥和比赛成绩。

鉴于乒乓球战术既有计划性，又有可变性，在战术计划制订中要做到以下两点要求。

第一，发挥自己的优势，用自己的长处攻对方的短处，同时限制对方发挥自己的长处，这就需要运动员在制订计划时对彼方情况及自身长处有充分的了解，使战术计划具有可靠性、客观性和针对性。

第二，制订计划时要留下一定的调整空间，弹性化地实施计划，因为比赛现场情况复杂多变，所以要根据实际情况灵活调整计划，使计划与场上情况基本相符，这样才能充分发挥战术的功效，同时也能使运动员的创造性和应变能力得到提升。

### （四）乒乓球战术的制定

乒乓球教练员或运动员制定乒乓球战术时，需要对以下四个方面的要素予以考虑。

#### 1. 考虑战略决策因素

乒乓球战略决策与战术决策有着密切的关系。参加乒乓球比赛时，针对比赛中的全局问题所进行的决策就是所谓的战略决策。决策者是否了解比赛的全局问题，直接决定了战略决策的水平。要提高战略决策的水平，就要求决策者全面深入地分析比赛的全局问题，包括比赛的赛制、参赛者数量、如何记录比分成绩与排名、比赛中常见问题及解决方案、采取何种战术打法等。

乒乓球战术决策是决策者针对比赛中的局部问题或具体情况而进行的决策，如确定好以进攻为主或以防守为主的打法后，进行如何进攻或如何防守等有关具体方法的决策。

乒乓球战略决策具有宏观性质，稳定性较强，而战术决策具有微观性质，稳定性相对较差，而灵活性较强。要实现战略决策，必须先实施战术决策。

2. 考虑乒乓球竞赛规则与规程

乒乓球竞赛规则与规程对乒乓球战术的制定既有引导作用，也有制约效果。例如，利用规则中关于轮换的规定调整战略与战术，以提高运动员体力与能力分配的效率。

3. 考虑对手情况

“知己知彼，百战不殆”。制定乒乓球战术，必然要收集关于对手的重要信息，信息尽可能准确、全面，并及时更新信息。全面掌握这些有价值的信息有助于制订出能够在比赛中发挥出巨大作用的战术计划。

在不同层次、不同水平以及不同规模的乒乓球比赛中，收集、整理与分析对手的信息都是必需的，为了提高收集效率，减轻这一环节的工作负担，在信息的收集中要明确哪些是主要信息，优先收集主要信息，如对手是谁，竞技能力如何，以往比赛成绩如何，个人风格是什么，攻防上有哪些特点，比赛节奏如何，教练员是谁以及执教能力如何，等等。在充分掌握了关键信息的基础上，可以从正面或侧面了解一些附属信息，以全面进行评价与预测，制定出完备的战术。

4. 考虑环境因素

在乒乓球比赛中，除了运动员自身的主观因素会影响比赛成绩外，比赛环境、条件等客观因素也会对运动员的发挥及成绩带来重要影响。因此，在乒乓球战术的制定中要充分考虑比赛场地、观众、裁判、气候等环境因素，尽可能实现天时、地利、人和的统一，充分利用良好的环境因素来提高比赛成绩，并有意识地预防不良环境因素带来的负面影响。

## 二、乒乓球战术方法学习

下面主要分析乒乓球单打战术方法。

## (一)发球抢攻战术

### 1. 侧上、侧下旋球结合落点变化进行抢攻

(1)左长右短

主要发侧下旋短球,结合上旋将球发至对方右侧近网的位置,增加对方抢攻的难度,从而使自己获得良好的抢攻或抢拉机会。在这一前提下,迅速以急下旋球为主向对方左侧台区发出角度大的长球,给对方发力、拉或攻制造困难,从而使自己获得良好的侧身抢攻或正手位抢攻的条件(图 6-18)。

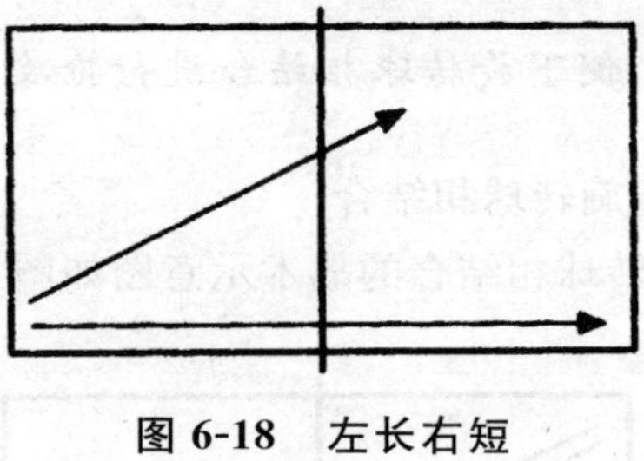

图 6-18 左长右短

(2)右长左短

具体打法与上面的战术相同,只是方向正好相反。运动员合理运用该战术能够取得理想的效果(图 6-19)。

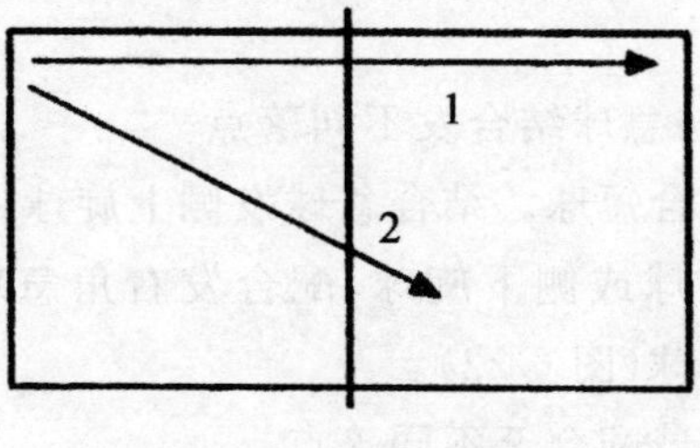


图 6-19 右长左短

(3)同线长短

横拍削球运动员接中路近网短球或中路追身长球时要旋转变化是有一定难度的,所以总是出现回球质量较差的现象,这样很容易陷入被

动局面。因此,对付横拍削球手时,可选择采用同线长短的发球抢攻战术。其中,中长、中短的效果更明显(图 6-20)。

面对横拍两面攻和两面拉的选手时,运用这一战术也可以获得良好的效果。

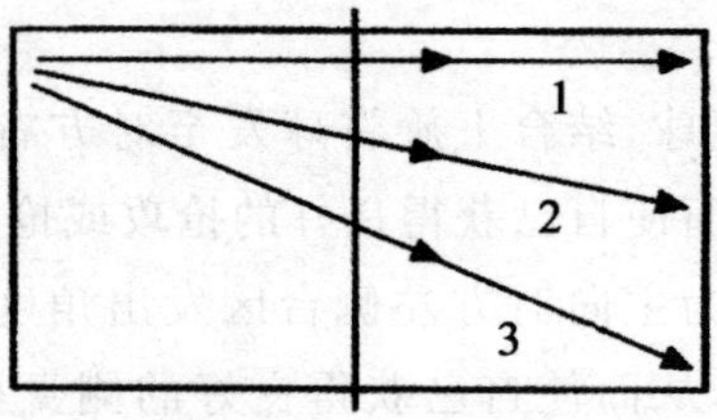


**图 6-20　同线长短**

2. 急球与侧上、侧下旋转球相结合进行抢攻

(1)急球与上、下旋转球相结合

急球与上、下旋转球相结合的战术示意图如图 6-21 所示。

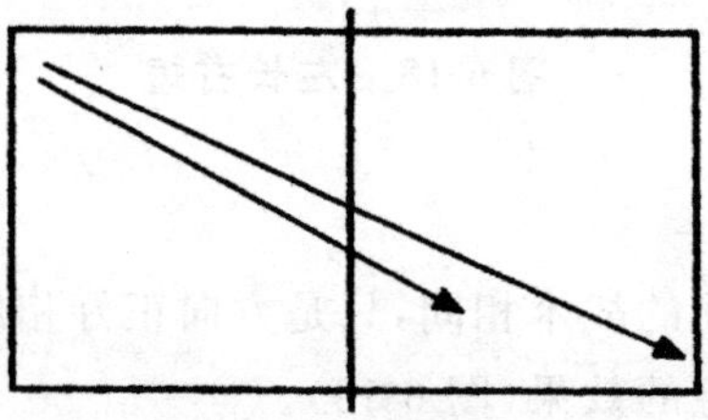

**图 6-21　急球与上、下旋转球相结合的战术**

(2)上、下旋球与急球结合发不同落点

主要发急球,配合短球。结合急球发侧上旋球或侧下旋球到不同的落点,主要发侧上旋球或侧下旋球,配合发右角急球,正手向右角发奔球,向左角配合发急球(图 6-22)。

(3)转与不转急球配合至不同落点

以发转与不转短球到对方右、中路为主。配合发长球到对方左路,找准机会抢攻(图 6-23)。

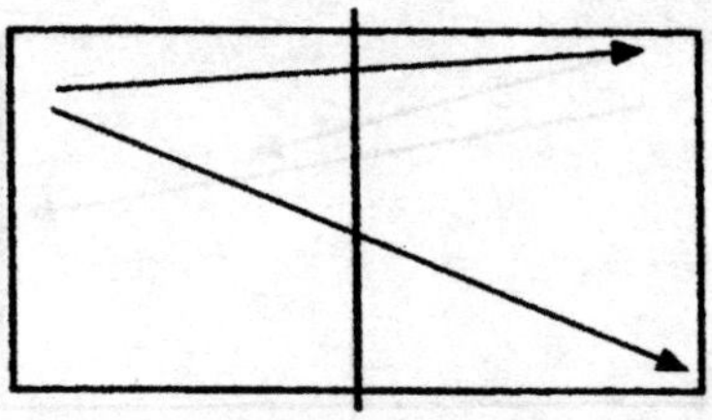

图 6-22 上、下旋球与急球结合发不同落点

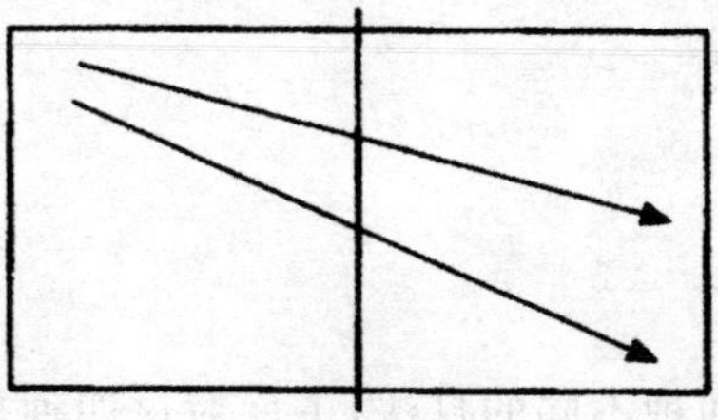

图 6-23 转与不转急球配合至不同落点

3. 转与不转结合落点变化进行抢攻

(1)转与不转发相同落点

主要发不出台球，先发转球后发不转球(也可以颠倒顺序)，伺机抢攻(图 6-24)。

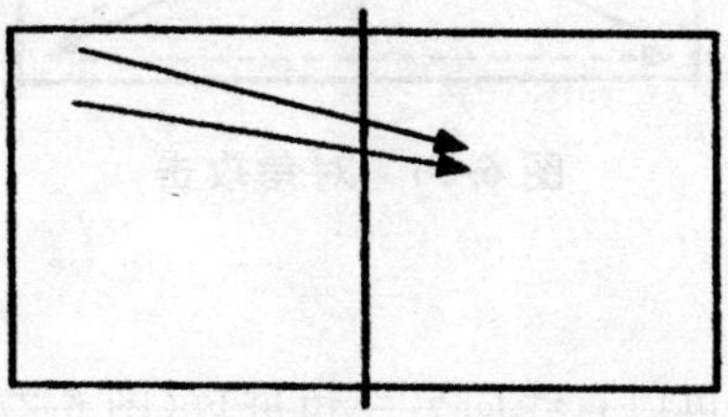

图 6-24 转与不转发相同落点

(2)转与不转发不同落点

连续发短球后，突然发长球以达到抢攻的目的(图 6-25)。合理运用该战术可取得良好的效果。

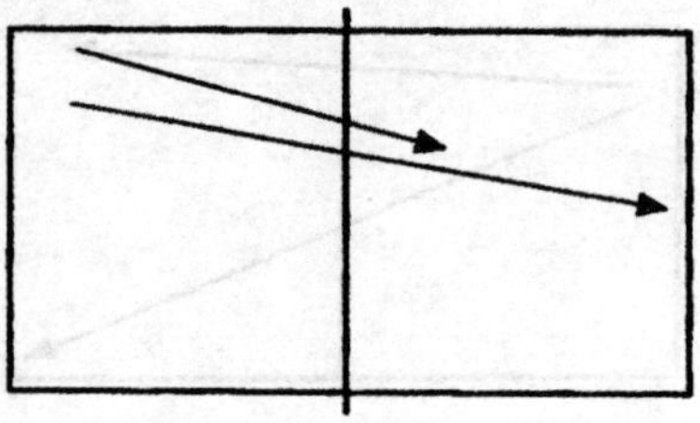

图 6-25　转与不转发不同落点

## (二)对攻战术

### 1. 攻两角战术

该战术主要有四种不同的打法,下面对这四种打法进行简要阐述。

(1)对角攻击

将对方反手一侧的角紧压,避免对方进攻,再突然向另一角大角度变化路线进攻(图 6-26)。

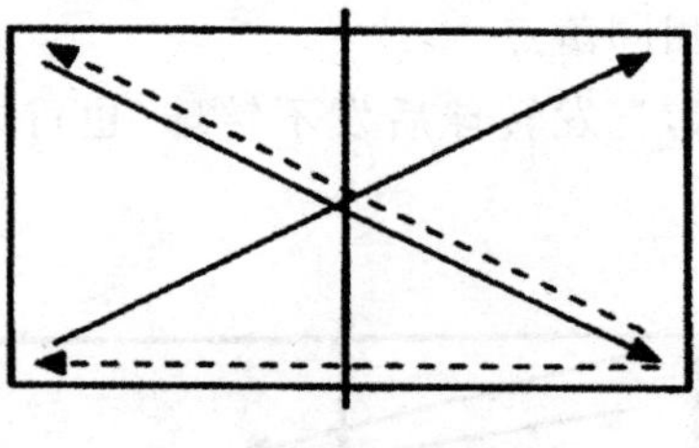

图 6-26　对角攻击

(2)双边直线

先攻直线一角,再以直线向另一角进攻(图 6-27)。以场上情况为依据而灵活调整。

(3)逢斜变直,逢直变斜

逢斜变直和逢直变斜有一个共同点,即回球落在球台角上(图 6-28)。袭击对方空当时可采用该战术。

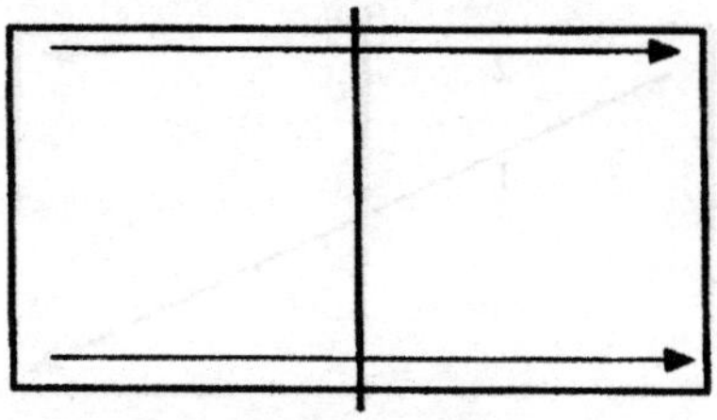

图 6-27 双边直线

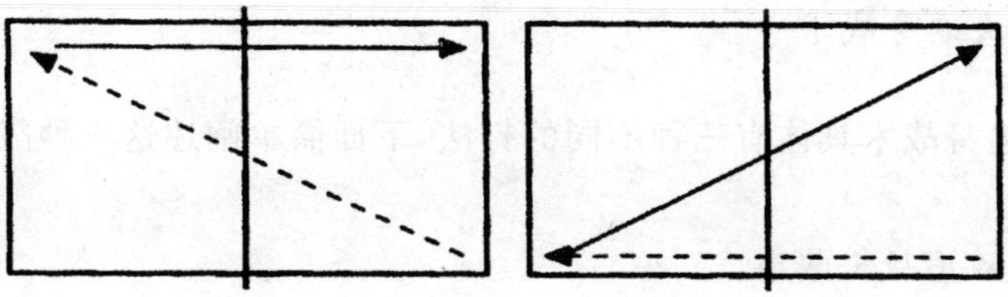


图 6-28 逢斜变直,逢直变斜

(4)调右压左和调左压右

①调右压左

如果对方右手执拍,将其调到正手位,并想办法迫使对方离台,再向反手进攻。合理运用该战术,可以将对方反手攻的意图打乱(图 6-29)。

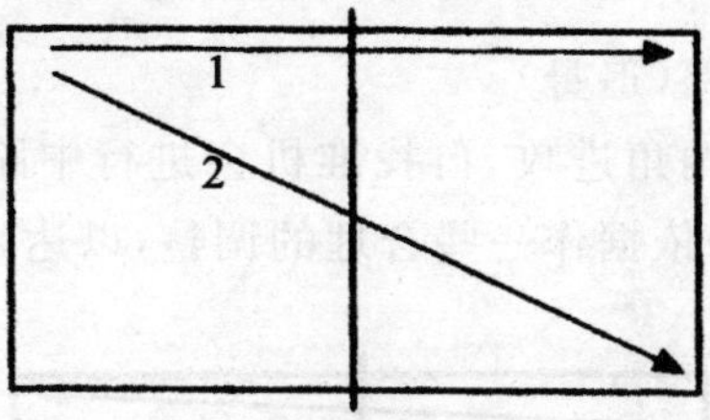


图 6-29 调右压左

②调左压右

如果对方左手执拍且对侧身攻比较擅长,可采用该战术来达到预期的效果(图 6-30)。

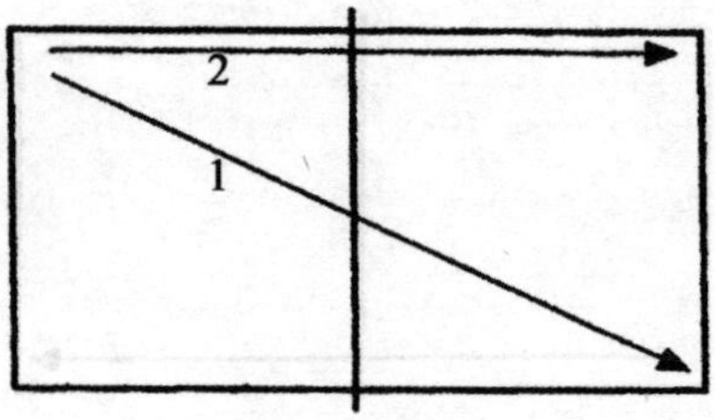


图 6-30　调左压右

2. 攻追身战术

攻追身战术具体有三种不同的打法，下面简单阐述这三种战术的运用方法。

(1)攻追身杀两角

先向追身攻中路，再向左角或右角进行扣杀(图 6-31)。

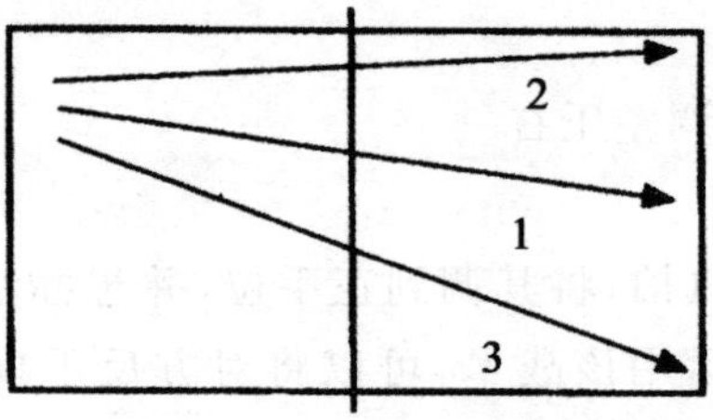


图 6-31　攻追身杀两角

(2)攻两角杀中路(追身)

先向对方左、右两角进攻，再找准机会进行中路扣杀(图 6-32)。运动员要以场上情况为依据作一些合理的调整，以达到预期的战术效果。

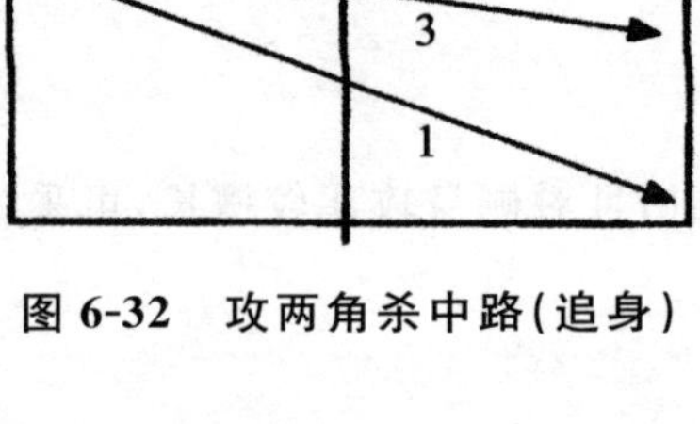


图 6-32　攻两角杀中路(追身)

(3)攻追身杀追身

连续攻追身,再连续攻中路,找准机会发力进行中路扣杀或向左右两大角扣杀(图 6-33)。

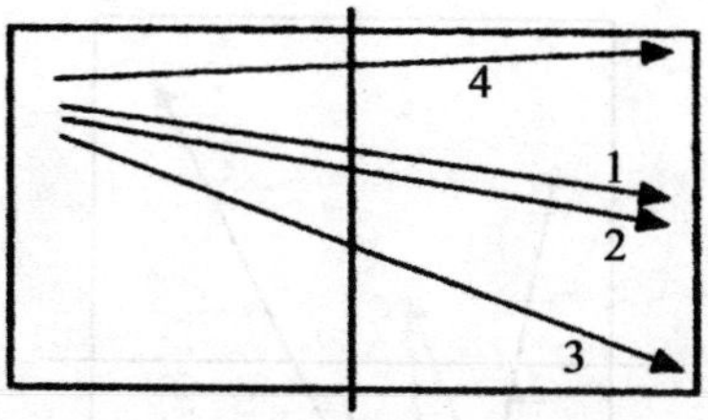


**图 6-33　攻追身杀追身**

## (三)弧圈球战术

弧圈球战术是将速度、旋转结合得最充分的战术之一,具有良好的稳健性和较强的适应性。目前,在攻球或扣杀中运用该战术的运动员有很多。

常见的弧圈球战术有以下几种。

### 1. 发球抢拉战术

(1)向对方偏右或左大角反手拉急下旋球,迫使对方采用搓球的方法回击,然后向对方正手位置拉前冲弧圈球(图 6-34)。

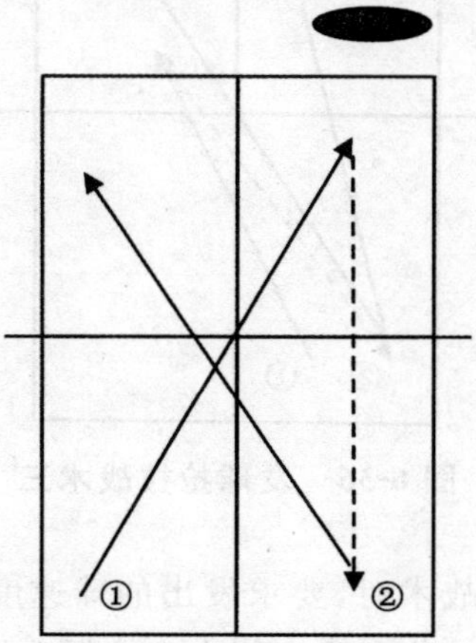


**图 6-34　发球抢拉战术一**

(2)反手向对方中路偏左或偏右的地方发右侧上、下旋球,然后向对方左或右两大角拉前冲弧圈球(图 6-35)。

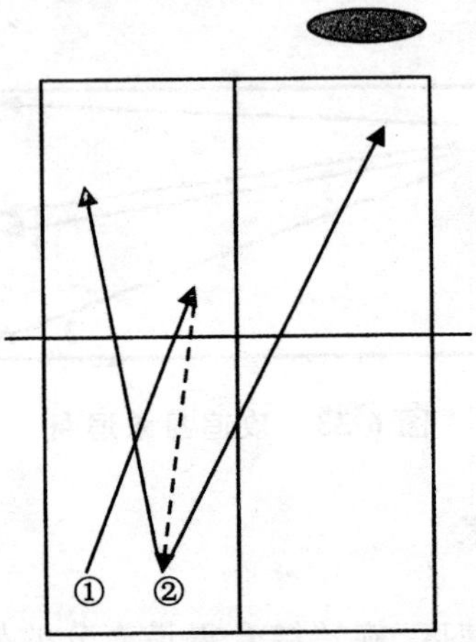


**图 6-35　发球抢拉战术二**

(3)正手(或侧身)向对方左侧近网处发强烈的下旋球,迫使对方采用搓球的方法回击,然后向对方反手处拉加转弧圈球(图 6-36)。

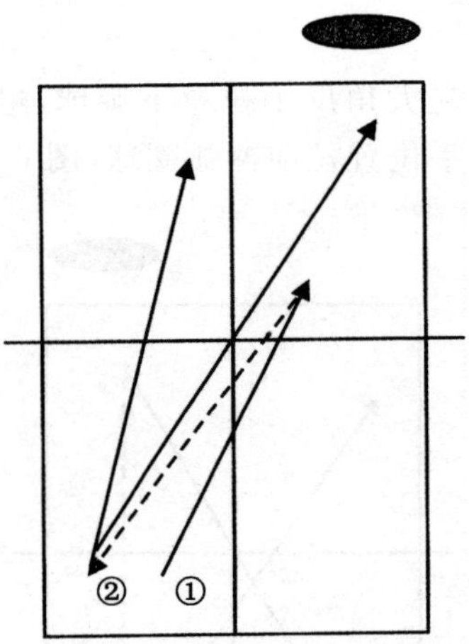


**图 6-36　发球抢拉战术三**

(4)采用发球抢拉战术时,要求发出的球速度快、落点长,使对方不得不退守,然后以对方站位和适应能力为依据选择恰当的弧圈球技术方法(图 6-37)。

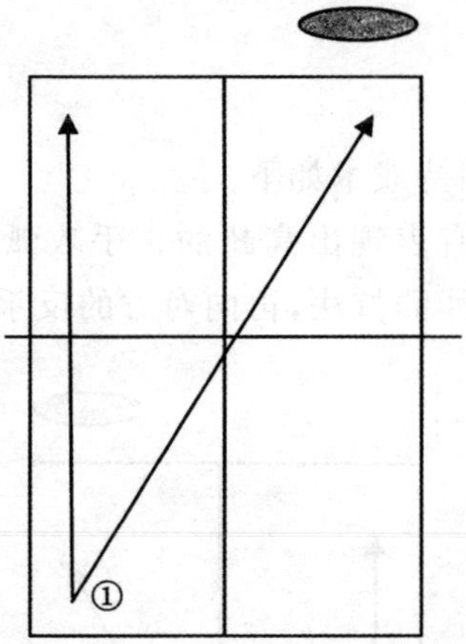


图 6-37　发球抢拉战术四

2. 接发球抢位战术

该战术与前一战术之间存在着相抗衡的关系。采用该战术的目的是攻在前，将对方运用发球抢拉战术的节奏打乱，争取主动权，从而获得优势，直至取得胜利(图 6-38)。

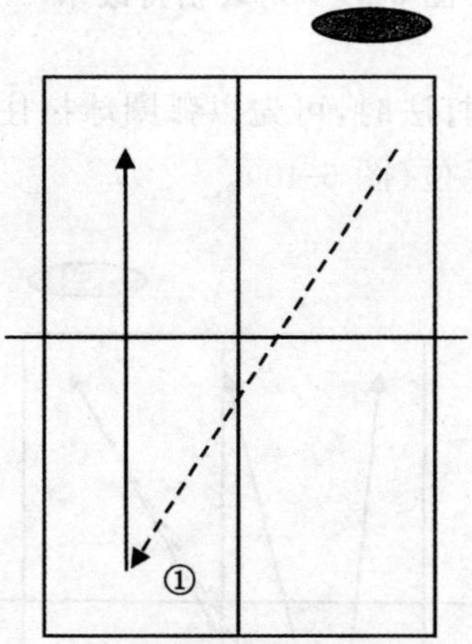


图 6-38　接发球抢位战术

该战术主要有以下三种情况。

第一，在对方发侧下旋球或强烈下旋球时，以前冲弧圈球进行回击。

第二，在对方发侧上旋球和不太转的球时，以前冲弧圈球进行回击。

第三，在对方发侧下旋球或强烈下旋球时，以拉加转弧圈球进行回击。

3. 对攻相持战术

三种常见的对攻相持战术如下。

(1)如果对方并没有表现出高超的正手攻弧圈球技术水平,可向对方正手位连续使用拉、冲的打法,再向对方的反手位转攻(图 6-39)。

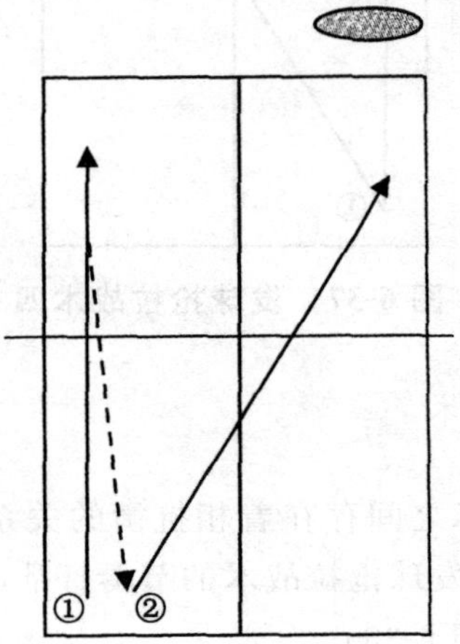


图 6-39 对攻相持战术一

(2)采用左推右攻打法时,可先以弧圈球拉住对方左角,然后转拉对方中路靠右或对方正手位(图 6-40)。

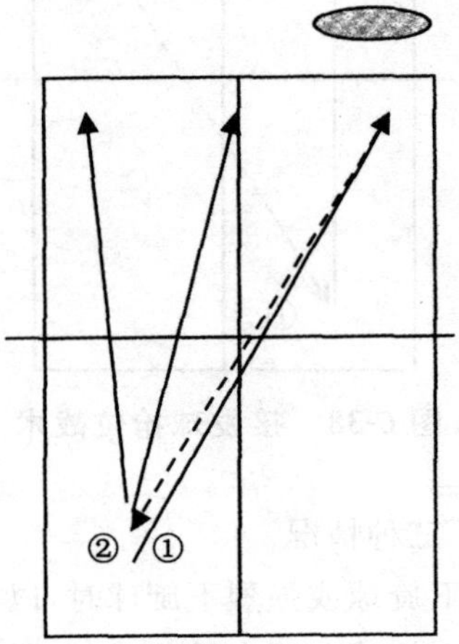


图 6-40 对攻相持战术二

(3)如果对方从两面进攻,应以正手位弧圈球向对方中路进攻,再压对方的反手位或向对方的正手位突击(图 6-41)。

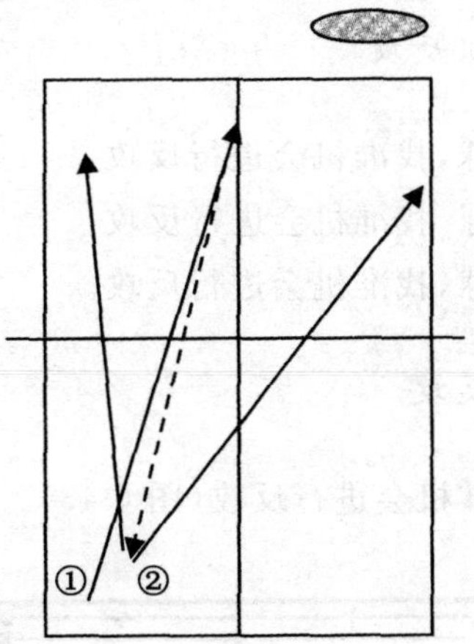


**图 6-41　对攻相持战术三**

4. 弧圈球结合扣杀战术

(1)拉加转弧圈球与不转球相结合,找准机会进行扣杀。

(2)用前冲弧圈球进攻,迫使对方在远离球台的位置回击,然后以放短球回击,再进行加杀(图 6-42)。

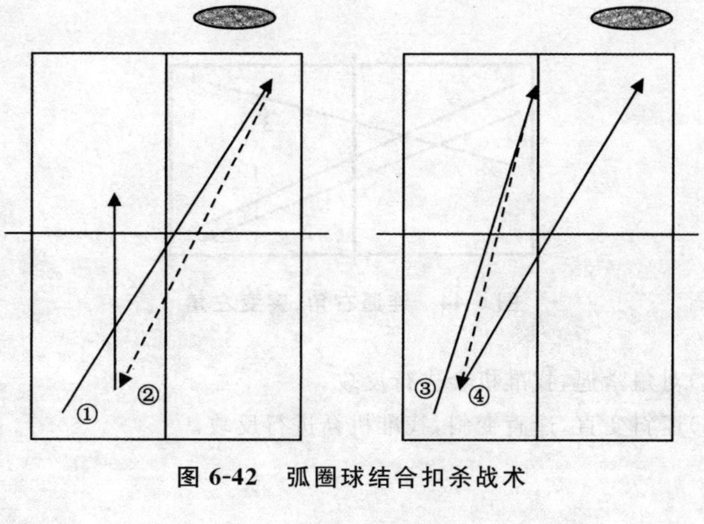


**图 6-42　弧圈球结合扣杀战术**

## （四）削攻战术

1. 削长短球，伺机反攻

（1）削同线长、短球，找准机会进行反攻。
（2）削追身长、短球，找准机会进行反攻。
（3）削异线长、短球，找准机会进行反攻。

2. 削两角，伺机反攻

（1）连削直线，找准机会进行反攻（图 6-43）。

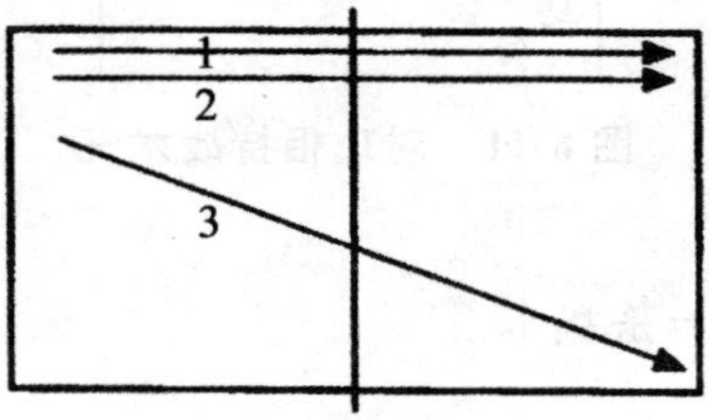


图 6-43　连削直线

（2）连逼右角，突变左角（连逼左角，突变右角），找准机会进行反攻（图 6-44）。

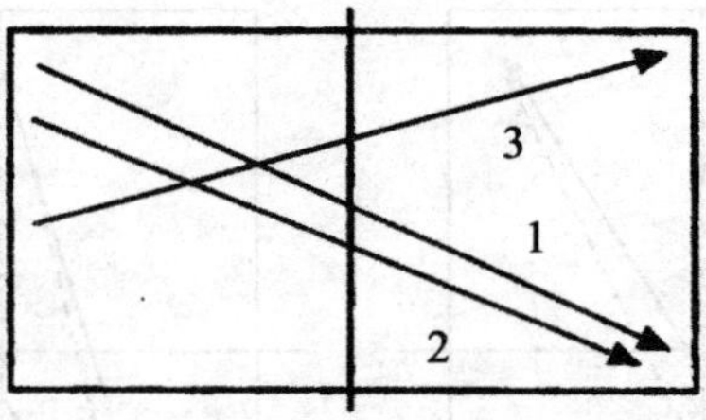


图 6-44　连逼右角，突变左角

（3）对角紧逼，找准机会进行反攻。
（4）逢斜变直，逢直变斜，找准机会进行反攻。

3. 削攻结合

(1)时削,时攻。也可连续削球,连续对攻。

(2)左削右攻或右削左攻。通过旋转、节奏的变化将对方的节奏扰乱,争取主动权。

4. 削转与不转,伺机反攻

(1)先削加转球,然后削不加转球,结合落点变化,找准机会进行反攻。

(2)先削下旋球,突然削侧旋球,将对手的节奏打乱,找准机会进行反攻。

(3)连续削球的过程中,突然拉上旋球,将对手的节奏打乱,找准机会进行反攻。

## 三、乒乓球战术练习方法

### (一)单一战术练习

单一战术练习是指将复杂的战术简洁化、单一化地训练,以此能够让运动员更加清楚战术中每个环节的意义。例如,当对手采用直板快攻结合弧圈打法时,其正手的进攻能力普遍较强,此时可以采取调反压正再压反的战术。

### (二)附加装置练习

在乒乓球技战术训练中经常会使用一些辅助器材,或是改变原有器材的规格,以便实现某种训练目的。常见的附加装置练习法主要有以下几种。

1. 击区域练习法

许多战术训练都对回球的落点有着严苛的要求,因此就出现了击区域练习法,即在对面球台的落点位置划定一个区域,每次回球都要使球到达那一个或多个区域中。这种方法在战术练习中经常使用,效果显著。

2. 网上加线练习法

网上加线法顾名思义就是在球网上方的一定距离位置拉上一条线，要求运动员的回球要在加线和球网中间穿过。这种训练方法在搓球战术和发球战术中使用较多，以此来训练运动员的回球高度控制能力。

3. 升降球网练习法

升降球网练习法分为升球网和降球网两种方式。

升网法是将球网升高一些（通常为1厘米左右），然后进行击球练习。升网法在进攻战术训练中使用较多，以此训练运动员击出足够的弧线以提升回球上台率。

降网法是将球网下降一些（通常为1厘米左右），然后进行击球练习。降网法在削球打法运动员的训练中较为常见，且也在练习搓球战术时使用，以此训练运动员较低的回球弧线。

4. 加宽球台练习法

加宽球台是将球台的其中一侧加宽，通常做法为摆放两张球台，使台面变得更加宽阔。这种方法可以训练运动员更大范围地移动，以便满足一些战术对移动的需求。

### （三）意念打球练习

意念打球练习是一种结合心理学原理的乒乓球训练方式。在使用意念训练法时务必要选择相对安静的环境，这有利于运动员集中注意力。意念打球主要可通过以下几种方法进行练习。

1. 纯意念练习

纯意念练习是单纯依靠意念来想象对手的战术打法和本方的战术应对，也可以就单一战术进行意念想象。

2. 假想对手，做各种手法、步法练习

大脑中想象对手击出各种球，自己做相应的回球动作。

3. 暗示拼抢1分练习

这个训练要在每回合开始前进行。具体方法为心中默念:“拼,拿下这一分!”随后,屏气凝神,高度专注于比赛。此练习的目的在于训练运动员的注意力和集中精神拼搏的毅力。当比赛来到关键分时这个训练的作用能更好地体现出来。

### (四)加强主动进攻,提高速决能力的练习

现代乒乓球运动对抢先上手进攻非常重视,先上手也的确是掌控局面的好方法。为此,在单打战术训练中就要强调主动意识,并结合如下方法进行练习。

1. 固定发球的抢攻和连续攻练习

该练习不仅可以提升主要发球套路的发球质量,还可以提升发球后与进攻技术的结合套路能力。

2. 多样发球的抢攻和连续攻练习

该练习不仅可以练习多套稳定的发球,同时还能提升应对不同发球的抢攻战术能力。

3. 发球结合其他战术的进攻练习

发球积极主动上手抢攻,如抢攻不能一板决定胜负的话还要连续进攻。这种练习可以使运动员在任何情况下都积极上手,掌握控制的主动权,从而为之后的进攻创造良好条件。

4. 抢攻得分练习

组织发球抢攻得分比赛,规则为每人一球轮换发球,发球员采用发球抢攻方式的得分才算有效得分。

### (五)提高变化能力,创造良好进攻条件的练习

尽管抢攻战术需要注意时机的选择,但无论面对对方的何种变化,

都要以积极的进攻心态和战术予以应对。为此，在单一战术训练和综合战术训练中结合速度、旋转、落点等球性的变化伺机进攻是非常有效的练习方法。需要强调的是，单一战术训练中伺机进攻的训练重点在于充分利用击球的属性变化来打乱对手原先的想法，而在综合战术训练中伺机进攻更要突出进攻的意识和进攻手段的多样性，力争在少失误的基础上增加进攻的凶狠性。

### （六）提高应变能力的练习

无论是对方的战术还是自身实施的战术都不是绝对一致的，场上情况的瞬息万变使得运动员必须要具备良好的战术应变能力。为此，推荐如下几种训练方式。

#### 1. 单一战术训练中攻防结合的练习

该练习可以有效提升运动员在单一战术条件下的攻防转换能力，这是他们在比赛中应对各种攻守情况的基础。

#### 2. 在对方发球情况下先防后攻的练习

发球在乒乓球运动中是唯一一项不受对方干扰的技术，再加上发球时手指手腕的变化，让发球变得不容易判断。为此，在训练中可以安排对方发球时本方首先立足于防守，然后伺机反攻练习。这是一项非常务实的训练内容，能够使运动员在比赛中从容应对各种困难。在练习时，对防守的要求是用积极的技术，如快带、反撕等，并配合刁钻的落点，以此为本方的防守反击创造可能的机会。

## 四、乒乓球战术意识的培养

### （一）战术素养的培养与提高

在乒乓球战术意识的培养中，首先要培养后备人才的战术素养，使其对战术相关理论知识有所了解与掌握，对战术的概念与内涵有所明确，对乒乓球的战术规律及发展趋势加以了解。一般将乒乓球战术理论知识放到乒乓球理论课上讲解，或者放在乒乓球实践课上讲解，将这部分知识的讲解与战术训练有机结合起来。

### （二）战术思维的培养

在战术意识的构成要素中，战术思维居于核心地位，战术意识的强弱直接由战术思维能力的高低所决定。要提高战术意识，就要先培养集预见性、灵活性及创造性于一体的战术思维能力。

从乒乓球战术训练的实践出发，对后备人才的战术思维进行培养，要采取“想练结合”的手段。在日常训练中，向后备人才提出集中精神，大脑与肢体并用的要求，教练员要善于设置不同实战情境下的相关战术问题，引导后备人才分析问题，探索应对策略，对其观察力、判断力、分析及解决问题的能力进行培养。此外，教练员在训练课上要抓住适当的机会播放优秀乒乓球选手精彩的比赛视频，使后备人才的思维得到拓展，激励其主动学习，借鉴经验，而且教练员还要多为后备人才提供比赛机会，使其比赛经验更加丰富，战术思维得到强化。后备人才在参赛过程中要将日常学习与训练的内容融入进去，学以致用，并在比赛结束后客观评价自己的表现，发现自己的不足之处，然后有针对性地改善。

### （三）启发性思维的培养

培养启发性思维也是乒乓球战术意识培养与训练的重要内容之一。在启发性思维的培养中，通常采取的方法是组织后备人才观看比赛视频或在现场观看比赛，在观赛中提出“如果你遇到这种情况会采取什么战术”及“为什么这么做”等问题，通过这种提问，可以引导后备人才猜测或想象特定比赛情境，进行预判与决策，这有助于对其创造力、想象力进行培养，促进其想象力的发挥和创造力的提升。如果不具备播放多媒体视频或带领后备人才现场观看比赛的条件，教练员可以对一场比赛中的精彩片段进行描述，启发青少年猜测与想象，在大脑中勾画比赛图，然后从多个角度思考与推断，这有助于促进其战术意识的提升。

### （四）良好心理素质的培养

培养乒乓球后备人才的心理素质与培养其战术意识密不可分，良好的心理素质有助于乒乓球后备人才战术意识的强化。因此在乒乓球战术意识训练中,要加强心理素质训练与培养。在心理素质培养方面,要重点培养后备人才在实战中积极思考、全面分析、灵活应对、果断处理问题的能力,培养勇敢果断、越挫越勇、永不言弃以及胜不骄、败不馁的良好体育道德和精神品质。在模拟实战训练中适当增加难度与干扰,以培养心理承受能力、抗干扰能力以及环境使用能力,使乒乓球后备人才以良好的心理素质投入紧张激烈的比赛中,即使面对众多的干扰与意想不到的难题,也能坚持下去。

#### (五)独特战术风格的培养

在乒乓球战术意识的培养与训练中,还应将培养独特的战术风格作为一项重点工作,不同后备人才都有自己的特点,有自己擅长的打法技术,在这一基础上建立能够体现自身特色和有利于充分发挥特长技术的独特战术体系,扬长避短,提高制胜能力。

在乒乓球日常训练中,教练员要有意识地引导乒乓球后备人才发挥自己的战术风格,并在实战中合理运用自己擅长的战术,促进其战术意识向风格鲜明的战术行动转变,从而提高战术能力,并充分彰显个性。

### 五、乒乓球战术技巧训练

#### (一)两点打一点

*1. 左右落点的变化有规律*

两点可以是 1/2 台、2/3 台或全台两大角。有规律地变化左右落点,如一左一右、一左两右或两左两右等。

*2. 左右落点的变化无规律*

在练习中,两点打一点者可使用一种或两种及两种以上的技术。一点打两点者可使用一种或两种以上的技术。这一点可以是反手位、正手位或中路,也可以是推球、攻球、拉弧圈球。

## (二)两点对两点

1. 两斜对两直

对抗双方分别打两条斜线和两条直线,而且不能变化线路。

2. 两直对一直一斜

两名攻球手多采用这一练习方式。一方只打直线,如正手位用正手打,反手位用反手打或正、反手分别各打两次直线。另一方用正手走动攻,如正手位攻一直一斜,侧身位攻一直一斜(图 6-45)。

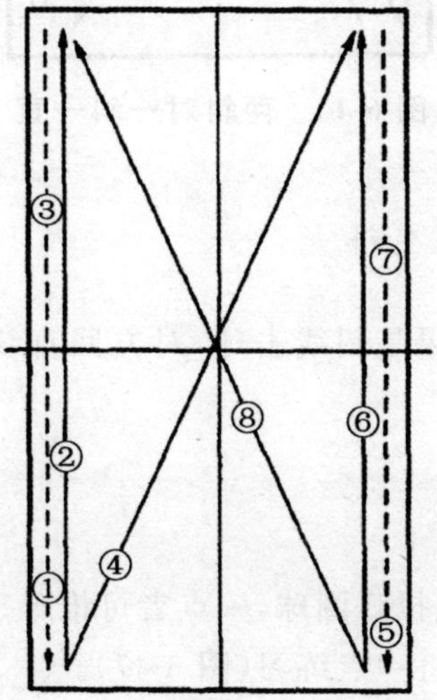


图 6-45　两直对一直一斜

3. 两斜对一斜一直

与上一种练习方法相似。一方只打斜线,如正手位用正手打,反手位用反手打或正、反手分别各打两次斜线。另一方用正手走动攻,如正手位攻一斜一直,侧身位攻一斜一直(图 6-46)。

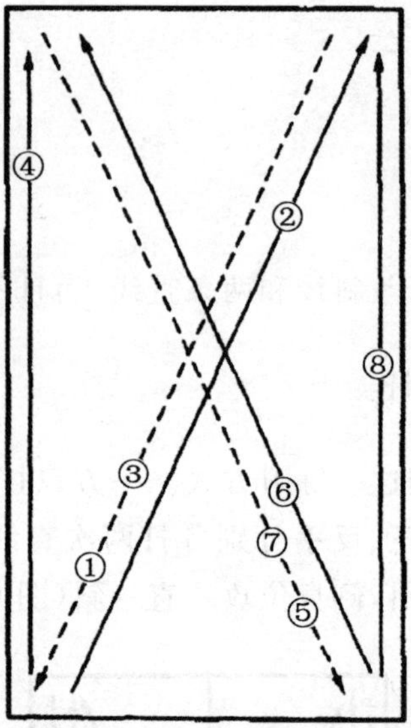


图 6-46 两斜对一斜一直

4. 逢斜变直、逢直变斜

一方随意击球，如果是斜线击球，对方回直线；如果是直线击球，对方回斜线。

## (三)三点打一点

三点者用正手攻或拉弧圈球，一点者可推球、拨球、削球。

(1)完全式的三点打一点练习(图 6-47)。

(2)不完全式的三点打一点练习(图 6-48)。

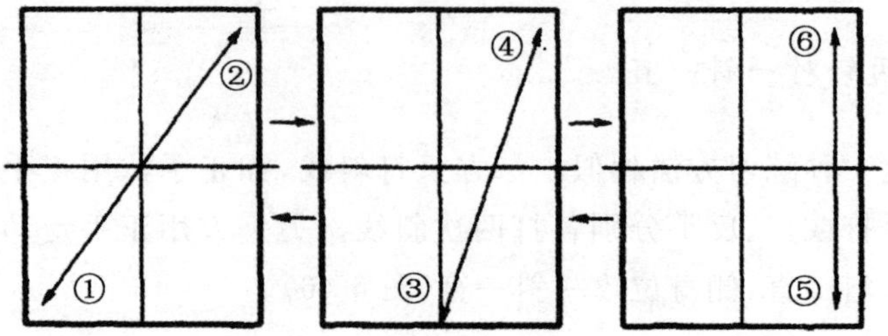


图 6-47 完全式的三点打一点

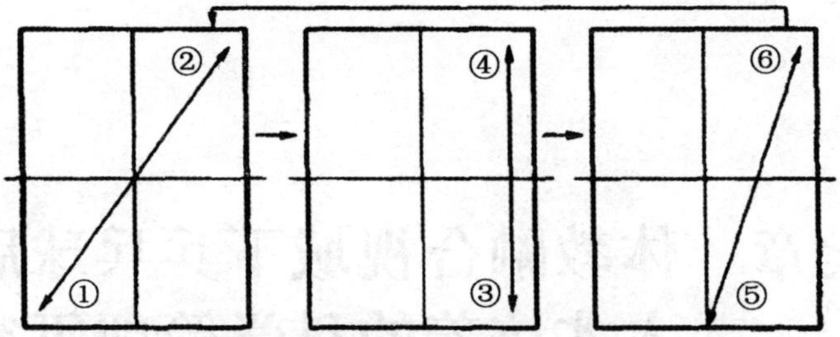


图 6-48　不完全式的三点打一点

(3)变化式的三点打一点练习(图 6-49)。

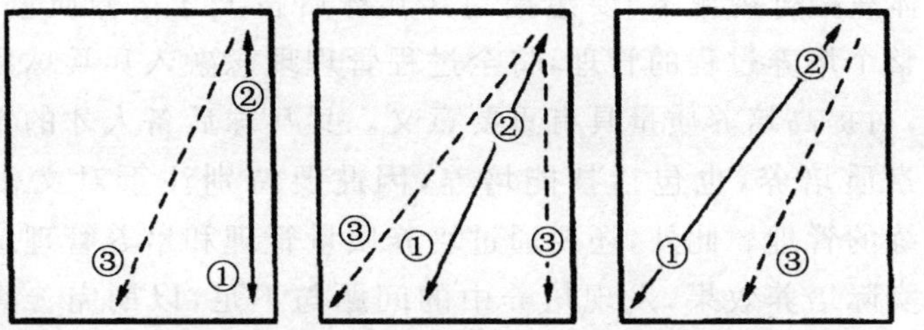


图 6-49　变化式的三点打一点练习

**(四)三点对两点**

三点者正手走动攻球或拉弧圈球;两点者正手位来球用正手打,反手位来球用反手打,如图 6-50 所示。

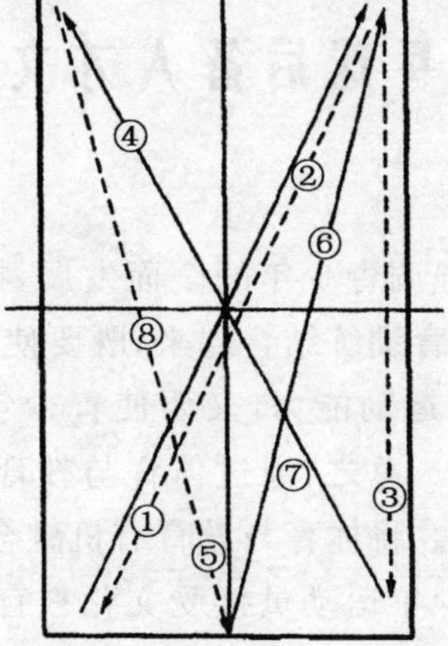


图 6-50　三点对两点

# 第七章　体教融合视域下乒乓球后备人才培养的科学管理研究

在体教融合视域下，要想提高乒乓球后备人才培养质量，必然离不开对整个培养过程的管理，将全过程管理理念融入乒乓球后备人才培养中，对提高培养质量具有重要意义。乒乓球后备人才的培养既包括文化素质培养，也包括技能培养，因此要特别注重对文化教育和运动训练的管理。此外，还要通过培养质量管理和培养管理绩效评价来了解实际培养效果，发现培养中的问题与不足，以期完善乒乓球后备人才培养体系，更好地落实体教融合培养理念。本章重点对体教融合视域下乒乓球后备人才培养的科学管理进行研究，主要内容包括乒乓球后备人才文化教育管理、训练管理、培养质量管理以及管理绩效评价。

## 第一节　乒乓球后备人才文化教育管理

近年来，国家不断强调青少年的全面发展，提倡在青少年体育人才培养中将文化教育与体育训练结合起来，既要使青少年在体育训练中增强体质，磨炼意志，提升运动能力，又要使青少年在文化教育中获取知识，提升智力，健全人格。总之，通过体育与教育的融合，要培养德智体美全面发展的运动人才。将体育与教育有机融合，加强对青少年运动员的文化教育，能够为青少年运动员接受文化教育、学习文化知识提供有利空间和条件，弥补运动员文化基础薄弱的短板。乒乓球后备人才作为青少年运动员队伍的重要组成部分，同样也离不开文化教育的熏陶，面向广大乒乓球后备人才开展文化教育工作,要从后备人才的实际情况出发,健全文化教育体系,不断优化文化教育内容与模式,有关部门要做好这方面的管理工作,保证文化教育落到实处,真正发挥体教融合的意义与价值。

在我国乒乓球后备人才文化教育中加强管理,需重点从以下几方面落实和提高管理效率。

## 一、完善青少年运动员文化教育制度,多方主体加强合作

在体教结合阶段进行乒乓球后备人才培养时,体育部门是主导部门,教育部门主要配合体育部门,而在体教融合阶段,则教育部门要发挥主导作用,体育部门主要是配合。体育部门和教育部门在利益诉求、工作职能、管理体制、制度设计等方面各有特点,各不相同,因而在体教融合共同培养乒乓球后备人才文化素质的过程中,难免会存在一些壁垒和阻碍,严重限制乒乓球后备人才文化素质培养的顺利进行和最终培养效果。对此,我们必须及时改变这一现状,加强相关立法,构建多方主体合作共治机制。

### (一)加快文化教育立法

《体育法》是我国培养体育后备人才的重要法律依据,但该法律缺乏关于青少年运动员文化教育的规定,导致乒乓球后备人才培养无法可依。鉴于此,有必要对原有法律中关于文化教育方面的空白予以填补,尽快修订法律,为青少年后备人才文化教育提供法律保障。此外,也可以专门制定关于青少年运动员文化教育的法律,法律内容可涉及招生标准、奖励政策、学习资源保障等多个方面,从而为培养文化素质高的乒乓球后备人才提供坚强的法律后盾。

### (二)多元主体协同共治

在乒乓球后备人才文化教育管理中,还要构建多元主体协同共治的机制,多元主体主要包括体育部门、教育部门、乒乓球俱乐部、乒乓球协会等,多元主体相互沟通、相互协作,形成联动管理机制,为实现青少年乒乓球运动员的文化教育目标而共同努力。

## 二、健全培养目标体系，提供支持

我国在青少年乒乓球后备人才培养中，教育系统和体育系统的培养目标是分离的，这不利于培养全面与协调发展的乒乓球后备人才。因此，必须加快健全乒乓球后备人才培养目标体系，并对各培养单位提供支持。在培养目标体系的建立健全中，要重点做好以下工作。

首先，培养青少年乒乓球运动员，要促进培养对象德智体美全面发展，使其成为中国特色社会主义建设的接班人。此外，还要对青少年学生运动员的入学考试、培养过程及毕业审核等各个环节予以规范。

其次，在青少年乒乓球运动员文化教育管理中，以学校管理为主，遵循学校教育管理制度，通过管理促进学生运动员文化素质乃至综合素质的提升。在文化教育管理中，要始终强调学生才是青少年运动员的第一身份，摒弃重训练轻文化教育的态度，消除锦标主义的错误观念，在学生运动员评价中将文化成绩作为一个重要指标。

最后，根据青少年乒乓球运动员的具体情况制定阶段性的文化教育目标，设置各阶段的目标节点，全面关注学生的学习进度和学习过程中的进步和不足之处，加强动态管理，切实解决学生运动员在各个阶段文化学习中遇到的问题。

## 三、加强文化教育保障，制订差异学习方案

成立青少年运动员学业管理部门，为乒乓球后备人才提供差异学习方案，授课教师的教学方案也应该灵活应变，要体现差异性，兼顾不同文化基础的后备人才的文化学习需要。对训练任务重和参赛多的青少年乒乓球运动员实行补课方案，必要时可以延长学制，充分保障青少年乒乓球运动员文化教育的系统性和完整性。

# 第二节　乒乓球后备人才训练管理

## 一、运动训练管理原理与方法

### (一)运动训练管理的基本原理

#### 1. 系统原理

系统理论是运动训练管理的系统原理的主要理论来源。将系统理论运用到运动训练管理中,就要将运动训练管理组织作为一个整体的系统而对待,对系统的基本运行规律进行整体上的把握,系统地分析和优化各方面的管理问题,并以管理目标和动态变化的管理环境等为依据,对组织系统的运行进行及时调整和控制,最终使理想的管理目标顺利实现。

基于系统原理的运动训练管理是将管理组织作为开放性的社会系统而实施管理工作,管理组织不仅具有一般的系统特征,还具有目的性、集合性和适应性。

(1)目的性

管理组织的目的性特征十分具有代表性,管理组织不可能脱离目的性而形成,无论哪种类型的管理组织,其目的性都是鲜明而独特的,这是管理组织存在的重要前提和基本依据。

(2)集合性

任何一个组织的构成都至少包含两个人,社会系统的形成是建立在人际关系和群体关系基础上的。所以,运动训练管理组织系统是一个由诸多因素及各因素内在关系组成的集合。

(3)适应性

运动训练管理组织要主动适应生存环境,随着环境变化而灵活调整结构,如果与环境格格不入,无法适应不断变化的环境,就会走向消亡。

管理组织不仅要主动适应环境，还要能动地对环境进行改造，但改造环境必须建立在适应环境的基础上。

2. 人本原理

人本原理是运动训练管理的基本原理之一，是从管理角度认识与探讨人的本质属性的科学理论。人本原理的形成与发展经历了漫长的认识过程，是在科学研究与深入探索人性理论的过程中逐渐形成的。

人本原理指出，在管理系统中，居于核心地位的是人，与人相关的因素是管理系统的首要因素，发挥着重要的作用。管理者在开展管理工作时，要对人际关系的处理、维持给予高度重视，将人的能动性和创造性充分调动起来，将管理的根本落在“做好人的工作”上，使管理对象对管理组织的目标、自身职责与价值有所明确，自觉配合管理工作。

总之，人本原理的出现促进了管理学内容的丰富，给整个管理理论的发展带来了生机与活力。

3. 动态原理

动态原理也是管理的基本原理之一，其含义主要有以下两个方面。

第一，管理组织系统内部的结构、功能是相对稳定的，因此系统的运行也是稳定有序的，但系统内各要素和系统运行的条件有时会发生变化，这时系统也要适时调整变化。

第二，管理组织本身是一个系统，但它也是更大管理系统的一个子系统，大系统的变化必然引起管理组织这个子系统的变化。

从动态原理的两个含义来看，我们要将动态原理运用到运动训练管理过程中，就必须对内外两方面的制约条件予以考虑。

动态原理的含义也反映了动态原理的下列两个基本特征。

(1)有序性

有序性是指管理组织按照一定的科学规律有序、稳健地运行，而非杂乱无序地运行。

管理组织系统内各要素按照自身发展规律有条不紊地运动，进而推动有序的功能运动，这个动态循环状态是环环相扣、有始有终的。随着系统内部环境条件的变化，系统自身做出相应调整，这使系统的原有运行规律发生了变化，这个变化是有计划、有程序的，变化是为了更好地适应内外环境。动态原理在管理中发挥的作用与其本身的有序性特征是分不开的。

(2)适应性

动态原理具有适应性特征，管理组织本身是一个随内外环境变化而变化的动态系统。系统内环境与系统外环境对管理组织有不同程度的影响，对内外环境的变化进行分析，使系统快速适应变化的环境，满足内外环境的变化要求，提升动态管理效率。

正因为动态原理具有适应性特征，将动态原理运用到运动训练管理中才能解决管理系统运作中遇到的难题，促进管理系统有条不紊地运作，促进系统适应能力和应变能力的增强。

### (二)运动训练管理的主要方法

#### 1. 法律管理法

法律管理法是指运用体育相关法律、条例等对运动训练中的各种管理进行调节，以保障运动训练正常进行的管理方法。采用法律管理法时，不仅涉及各项法规的建立与健全工作，还涉及相关的仲裁与司法工作，这些管理工作密切关联，相互影响。

从本质上来看，法律管理法就是运用上层建筑的力量对训练活动施加作用的管理方法。颁布符合客观规律与要求的各项法律法规，并将其运用到运动训练管理中，能够促进运动训练的有序发展。采用法律管理法时，要强调法律的强制性、严谨性，从而加大管理力度，提高管理效果。

法律管理法有自身的弊端，如缺少弹性和灵活性，从而容易导致运动训练管理的僵化和死板，对基层组织主动性和创造性的发挥造成了限制。为弥补这一不足，应将法律管理法与其他比较灵活的管理方法结合起来共同运用于运动训练的管理中。

综合使用法律方法和其他管理方法的原因，还包括采用法律管理法并不能将运动训练中的所有问题都解决好；运动训练中的经济关系、人际关系、社会关系等有时不适合运用法律方法去调整，而需要采用其他管理方法，综合使用各种管理方法才能提高管理效果。

2. 行政管理法

行政管理法是按照行政系统的规范,采用行政手段,发挥行政组织的权威性而实施管理的一种方法。在运动训练管理中采用行政管理法时,要对行政组织中的职位、职务、职权、职责给予充分的重视。行政管理方法中常见的行政手段有命令、规定、指示、决议等,行政管理的实施程序一般是上级发布命令,下级执行命令,上级督查命令执行情况,调解处理执行命令中遇到的问题,这几个步骤是环环相扣的。

行政管理法有自身的局限性,必须正确运用这项管理方法,将其作用充分发挥出来,才能克服其局限性带来的不良影响。

在运动训练管理中采用行政管理法时要注意以下几点。

首先,管理者要清楚,服务才是行政管理的本质和根本管理目的,不以服务为目的的行政管理必然会引起一些不当现象或行为,如不遵守规章制度和道德规范、个人利己主义倾向等。但如果在管理中忽视了行政方法的重要性,也难以贯彻服务宗旨,实现服务的目的。

其次,管理者的素质决定了行政管理的效果,采用行政管理法进行运动训练管理,要求管理者具备很高的综合素质,尤其是具有很强的管理能力;要求管理者具备以理服人、以德服人的智慧和能力。

再次,运用行政管理法时,管理者要统筹全局,提出统一性要求,并建立灵敏有效的信息系统,及时获取有效信息,根据综合分析判断做出决策。上级管理者既要向下级管理者传达行政命令,又要发送各种预测和反馈信息,为管理工作的开展提供参考。

最后,行政管理法强调职位和职权,所以约束力较强,执行起来比较顺利,容易得到下级执行者的配合。但正因如此,下级执行者的利益要求也常常被忽视,这不利于对下级工作积极性的调动,容易导致下级在执行管理工作时缺乏动力,从而影响管理效率和最终效果。鉴于此,在运动训练管理中也要将行政管理法与其他管理方法结合起来使用,取长补短,共同发挥作用,提升管理水平。

3. 经济管理法

经济管理法是指依据市场经济规律,采用经济手段对不同经济主体之间的利益关系进行调节,从而达到理想管理效果的方法。经济手段有宏观和微观两种类型，前者包括税收、价格、信贷等，后者包括工资、经济合同、奖金等。各种经济手段都有自己的重要作用和使命，在不同领域发挥着举足轻重的作用。

在市场经济条件下，运动训练发展水平不断提升，经济管理法作为一种基本管理方法，在运动训练管理领域的意义越来越突出，也越来越受运动训练管理者的重视。经济管理法和其他管理方法一样，有自己独特的功能、适用范围和使用场景，所以要具体结合运动训练的实际情况来合理使用经济管理法。

在运动训练管理中使用经济管理法时，为了防止管理失效，要先确定是否存在经济利益关系，相关经济主体是否有对物质利益的追求，只有先肯定了这两点，才能运用经济管理法，而且使用过程中也要注意各种经济手段的使用限度。例如，利用奖金这一经济手段可以激发运动员训练的积极性，但设置奖金要有限度，超出限度，奖金不仅起不到激励作用，还可能引起内部矛盾。

需要注意的是，经济管理法不适合用于对运动员的思想政治教育和职业道德教育中，否则容易使运动员产生利己主义倾向，从而误导运动员的思想价值观。

经济管理法同样有自身的局限性，在实际运用中需要与其他管理方法结合使用，一般来说，经济管理法与下列不同管理方法的结合运用能够起到不同的效果。

第一，将经济管理法与法律管理法结合起来使用，能够促进经济管理法规范性的强化与法律效力的提升。

第二，将经济管理法与行政管理法结合起来使用，能够促进经济管理手段权威性的增强。

## 二、乒乓球后备人才训练过程的控制与管理

### （一）训练过程的控制

乒乓球后备人才训练过程的控制就是通过采用科学的方法策略，推动训练过程的有序运行，顺利达到预期的训练目标。训练目标能否实现，一定程度上取决于对训练过程的控制效果。因此，在乒乓球后备人

才训练过程管理中,教练员作为控制者必须科学规划、认真落实以及灵活调整训练过程,切实优化训练过程,提升训练成绩。

1. 控制举措

训练过程的控制包含下列三个环环相扣的环节。

(1)对训练过程的科学规划

这一环节的工作要点如下。

第一,对乒乓球后备人才的现实状态做出客观诊断和评价,为制订专门性的训练计划提供依据。

第二,对运动员的现实状态、训练潜力进行科学分析和准确判断,设置合理的训练目标。

第三,对训练阶段及各阶段的训练任务、内容与方法等进行科学规划,保障各阶段训练效果的延续性。

第四,对训练效果评估指标与方法进行设计。

(2)对训练过程的认真实施

训练目标的达成离不开教练员和后备人才对训练过程的认真实施,所以必须认真做好每个阶段、每个时期、每节课的训练组织工作。教练员要依据乒乓球训练的基本规律、科学理论和先进方法去开展与指导训练工作,加强对乒乓球后备人才的思想教育,提出严格要求,认真检查督促训练过程,促进乒乓球后备人才运动成绩的提升。

(3)对训练过程的及时调整

对训练过程的调整是训练管理系统的组成部分之一,是有效控制与优化训练过程的有效途径。在这一环节中要做好对决策的调整,然后及时传递新的指令,不断优化训练。

2. 信息存储与运用

乒乓球训练过程中会有大量的、各种各样的信息产生,有些信息能够将乒乓球后备人才的现实状态反映出来,参考这些信息能够对训练过程进行有效组织与控制。因此,在训练过程控制中储存这些有价值的信息是非常必要的。在基础训练阶段,存储训练信息主要采用档案袋存储方式,档案的内容与训练诊断的内容要充分对应,通过存储信息而对运动员的训练过程、训练结果、竞技能力以及运动成绩等基本情况进行完整记录。记录存档则主要采取直观简便的表格形式。

对乒乓球后备人才的训练信息进行存储时，要正确使用档案存储法，具体要求如下。

第一，测试信息必须准确、可靠、真实、有效。

第二，对负荷数据的标准要统一规范，以便更好地对比数据。

第三，档案的保存可以采用活页的形式，为分类存储和查阅提供便利。

第四，将训练档案的信息充分利用到训练过程的相应环节中，如设计环节、计划环节、评价环节以及调整环节等。

### （二）训练目标管理

训练目标是训练活动的开端，也是训练的归宿，因此在训练过程管理中要特别重视对训练目标的管理。管理者的科学决策能力往往决定了训练目标制定的科学性和准确性。

训练目标最终指向参赛成绩和名次上，因此具有不确定性，会因为竞争对手而发生变化，还有一些不确定的因素也会对其产生影响，包括社会因素、政治因素、经济因素、文化因素等。众多因素的影响又进一步增加了训练目标制定与实现的难度，这就要求在训练目标的设计中留一些余地，既不能定得过高，也不能定得过低，要充分论证训练目标实现的可能性，并不断优化目标。

在制定训练目标后，还要对目标分析给予足够的重视，目标分析要细致、全面，构建的训练目标体系要达到层次清晰、内部协调统一的要求，通过分析使训练目标具有更强的可监控性。

### （三）审批训练计划

教练员应科学诊断乒乓球后备人才的起始状态，针对后备人才的实际情况制定训练策略，设计训练计划。对训练计划的审批也是乒乓球后备人才训练过程管理的一部分，审批工作主要从以下几方面展开。

#### 1. 审查诊断的科学性

乒乓球后备人才起始状态的诊断工作结束后，要对诊断的客观性、可靠性和有效性进行审查，并对诊断结果的准确性进行审查。

2. 审查训练对策的科学性

对训练对策的可行性、必要性、可操作性以及有效性进行审查，这些都属于训练对策科学性审查的范畴。通过审查，去除非必要的对策，调整或修改可行性不高以及缺乏有效性的对策。

对训练对策的科学性进行审查时，关键要看训练对策是否有利于使乒乓球后备人才的竞技能力得到全面有效的提高，是否能够顺利实现预期的运动训练目标。

3. 终审

训练计划是关系到接下来训练活动开展的具体方案，未来训练活动能否顺利开展，训练目标能否顺利实现，都要以制订科学合理的训练计划为基础。因此要在终审阶段审查训练计划的明确性、系统性和可行性。

(1)审查明确性：计划目标是否明确；检查评定标准是否明确。

(2)审查系统性：训练计划内部是否协调统一。

(3)审查可操作性：现实条件下能否顺利实施训练计划。

完成以上审查后，管理者决定是否批准实施乒乓球后备人才训练计划。

### (四)监督训练计划的实施

在训练计划的实施过程中，管理者要做好监督工作，但不能直接对教练员的训练工作进行干预，而要通过间接管理的方式来监督，主要就是对训练计划中横向和纵向目标的完成情况进行检查。如果训练任务的完成情况与计划目标不符，要及时向教练员反馈，与教练员共同商讨改进策略。

### (五)训练负荷的合理安排

训练负荷是由训练量和训练强度决定的。有关研究指出，在运动训练中，要循序增加训练次数，只要不造成过度训练，就可以持续不断地增加练习次数。运动员的训练频率越高，训练适应效果越大。每次训练课上适当增加训练次数,能够促进运动员生理适应能力的提升。但训练量的增加不是盲目的,而要综合考虑多方面的因素,包括运动专项、训练阶段特征、训练目标、运动员需求等。

训练强度对训练负荷也有重要影响,但训练强度不能像训练量那样一直持续不断地增加,长期进行高强度训练,不利于产生稳定的生理适应。而如果运动员不具备稳定的生理适应性,就容易出现过度训练症状,并造成运动成绩的起伏波动。如果进行适宜强度的训练,就能使运动员的生理适应过程更加稳定。要达到最佳生理适应水平,就要对训练量和训练强度做出系统改变与科学调整。

训练量和训练强度是运动负荷的两个重要方面,平衡训练量与训练强度的关系有利于保证运动负荷的科学性与合理性,这是乒乓球后备人才训练过程中必须贯彻和遵守的一项基本原则。

不同训练阶段的训练量、训练强度各有侧重,存在差异,二者的关系也因此而发生变化,这个变化具体从训练时间、训练内容、训练方式等多个方面的调整与变化中体现出来。例如,在训练准备阶段早期,训练内容以身体训练为主,身体训练方式又以大负荷训练为主,并通过增加训练量和减小训练强度来完成大负荷训练。经过这个阶段的训练后,在身体训练过程中就要不断增加训练强度,同时逐渐减少训练量。此外,技战术的训练继而成为训练的主要内容,这时为了提高技战术能力,取得优异的运动成绩,要逐渐增加训练强度,同时适当减少训练负荷量。总之,要根据不同训练阶段的不同侧重点对训练量与训练强度的关系进行调节。

在训练过程中确定最佳训练负荷是一项复杂的工作,要考虑乒乓球项目特征、训练阶段、乒乓球后备人才运动水平等诸多因素,因此对训练量和训练强度进行量化评价是比较可取的方法。

### (六)处理突发事件

乒乓球训练过程受诸多因素的影响和干扰,在训练中有突发事件也在所难免,管理者必须及时妥善地将突发事件处理好,遏制突发事件造成的恶劣影响,将损失降到最低。

针对乒乓球训练过程中可能出现的突发事件,要提前做好预案。当突发事件出现后,要第一时间了解真实情况,分析根本原因,最后提出解决对策。必须及时对突发事件进行处理,防止突发事件的不良影响扩大,对乒乓球后备人才的训练造成严重影响。

## 三、乒乓球后备人才训练系统的全面管理

乒乓球后备人才训练包括体能训练、心智能训练、技术训练与战术训练,乒乓球后备人才训练系统管理包含对这些训练内容的全面管理。下面具体分析各项管理要点。

### (一)体能训练管理

#### 1. 合理制订训练计划

在体能训练中,提前制订训练计划,能够为训练工作的开展和训练目标的实现提供方向指引和理论支持,能够使训练过程更顺利,因此教练员必须加强这方面的管理,合理安排并实施体能训练计划。在计划制订中,要以乒乓球后备人才的体能现状诊断结果和体能训练目标为依据,确保按照计划进行训练能够改善乒乓球后备人才的体能状况。

教练员可以按照时间跨度制订体能训练计划,如多年体能训练计划、年度体能训练计划等;也可以结合其他竞技能力要素制订训练计划。体能训练计划中应包含以下内容。

(1)诊断乒乓球后备人才的初始体能状态。

(2)明确体能训练目标。

(3)划分体能训练阶段,明确各阶段的任务。

(4)做出体能训练负荷调整的规划。

(5)安排体能训练方法和手段。

(6)设计体能训练效果评价标准及方式等。

#### 2. 重视运动处方的制定

在乒乓球体能训练中,制定运动处方至关重要,良好的运动处方能有效改善乒乓球后备人才的身体状态,提高后备人才的身体素质和综合运动能力,同时还能保障体能训练的安全性,防止后备人才受伤。鉴于

此，教练员在体能训练管理中必须重视对运动处方的制定与实施，制定运动处方包括健康调查与评价、运动试验、体质测试及制定处方等环节，其中制定处方是核心环节，运动处方应包括训练内容、训练时间、训练强度、训练密度、注意事项等内容。在处方制定中，需注意以下几点。

（1）做好身体检查和准备活动。

（2）科学确定处方的运动负荷。

（3）督促后备人才执行规定。

（4）指导后备人才定期复查身体和测定体力等。

（5）定期进行体能训练效果测评。

#### 3. 消除疲劳，促进恢复

乒乓球后备人才在体能训练中常常会出现运动疲劳，对此，教练员必须加强安全管理，避免后备人才因过度疲劳而影响身体健康。消除运动疲劳的方法主要有整理活动、按摩、理疗、温水浴、睡眠、补充营养、中医药调理方法等，后备人才根据疲劳程度及症状合理选用或综合运用这些方法，能够有效消除疲劳，恢复正常体力，为下一次训练打好基础。

### （二）心智能训练管理

#### 1. 心理训练管理

运动心理与运动素质、运动技战术等竞技能力因素密不可分，它们之间相互影响，训练效果相互制约，因此乒乓球后备人才在心理训练中，除了要进行专门训练外，还应与其他竞技要素的训练有机结合，进行综合训练。

（1）与体能训练相结合

现代乒乓球比赛的竞争越来越激烈，选手保持良好的心理素质有助于在对抗激烈的比赛中发挥正常水平。这就需要对乒乓球后备人才的良好心理品质与素质进行培养，而体能训练是一种非常有效的心理素质培养方法，在体能训练中能够锻炼与增强后备人才的意志品质。

（2）与技术训练相结合

技术训练是乒乓球训练的主要内容，在乒乓球训练的各个阶段都不能忽视技术训练。乒乓球后备人才在技术训练中也能培养思维能力和创造力，促进心理素质水平的提高。因此可将技术训练与心理训练结合起来培养乒乓球后备人才的心理素质。

(3)与战术训练相结合

战术训练的过程本身就涉及某些心理素质的训练，如思维训练、意识训练等。将战术训练和心理训练充分结合有利于促进乒乓球后备人才战术意识的提升。

2. 智能训练管理

心理训练与智能训练有着密切的联系，很多训练方法与手段都既能培养心理素质，又能培养运动智能。关于乒乓球后备人才智能训练的管理主要应做好以下工作。

(1)培养质疑精神与思考能力

长期以来，学界对乒乓球训练的研究从未停止，这个探究过程是永无止境的，乒乓球训练还有很多奥秘需要继续探索。因此在乒乓球智能训练中培养后备人才的探究意识与思维能力非常重要，进行这方面的训练时可采用质疑提问法，具体实施过程中需要将团队的智力资源充分利用起来。

目前，乒乓球训练中还有许多问题尚待解决，后备人才的积极询问和探索有利于找到解决问题的有效方法。乒乓球后备人才提出的询问或质疑，如果教练员无法回答，可向科研人员求助，共同探讨，不要打击后备人才的好奇心和积极性，否则不利于培养思维能力。总之，教练员要对乒乓球后备人才主动质疑的态度和积极思考的精神大力提倡和赞扬，并积极给予帮助与引导。

(2)开发训练软件

为了进一步提高乒乓球后备人才的智力水平，可以在智力训练中适当借助一些训练软件，尤其是具有智力游戏特征、互动性的新软件。在训练软件开发方面，国外已有成功的案例，德国、英国发明了许多逼真的足球战术训练软件并运用于足球战术训练中；美国发明了篮球战术训练软件来支持篮球战术训练。这些软件的运用促进了运动员战术思维能力、运动智力的提高。我国也应主动借鉴国外发明训练软件的经验，针对我国的乒乓球训练现状研发训练软件，从而进一步提高我国乒乓球后备人才的运动智能水平和综合竞技能力，促进现代乒乓球运动的发展。

### (三)技术训练管理

1. 正确处理特长技术与全面技术的关系

在技术能力训练中,应将特长技术与全面技术结合起来进行全方位训练,以发挥后备人才的特长与优势,并提高其全面作战能力。

2. 加强技术创新

创新是事物发展的不竭动力,乒乓球技术的发展、乒乓球运动员技术水平的提高都离不开创新。因此,在乒乓球技术能力训练中,必须加强技术创新和训练方法创新,进而促进战术创新和后备人才核心技能的提升。

### (四)战术训练管理

在乒乓球战术能力训练中,要按进攻系统或防守系统进行科学训练,以提高训练实效。在单打战术训练中,要重视衔接技术的训练,尤其是移动步法和重心转换,重点训练不同重心变化条件下的各种步法。在双打战术训练中,以完成战术所需的技术串联作为主要训练内容,高质量的技术串联是形成局部与整体战术的基础,必须加强这方面的训练。总之,在战术能力训练中,要将衔接技术、技术串联作为重点训练内容。

## 四、乒乓球后备人才训练管理的创新——基于云计算的管理系统设计

随着科学技术的不断发展,其与运动训练的渗透度越来越高,将计算机与信息技术引入运动训练,实现训练信息化发展是竞技体育发展的必然趋势。运动训练管理系统涵盖体育学、运动训练学、计算机科学、信息技术学与统计学等相关学科,在现代科技的支持下深度设计与开发现代化乒乓球运动训练管理系统,不仅能够提升乒乓球运动训练水平,还有利于调动乒乓球运动员、教练员与相关管理者的训练与工作积极性,提升乒乓球后备人才培养的质量。为了最大限度地保障训练数据的资

源共享，可以将云计算技术运用于训练管理系统的设计中，为提高管理效率提供数据支持。

在乒乓球后备人才训练管理中，需采集大量关于乒乓球后备人才体能、运动状态、训练内容、训练强度以及运动量等相关数据，教练员基于大量的数据作下一步规划与分析，同时依照相关分析结果控制整个训练过程。由于这些数据数量多，而且复杂，因此建议基于云计算对这些数据进行聚类分析，以提升分析效率。

基于云计算的训练管理系统是一个有规模的体系结构，采用 B/S 三层架构进行设计，如图 7-1 所示，由下向上分别为硬件基础设施层、功能层和云服务应用层。该系统具有训练管理自动化功能、训练计划制订功能、训练信息日常管理功能以及训练器材管理功能等多方面的功能。

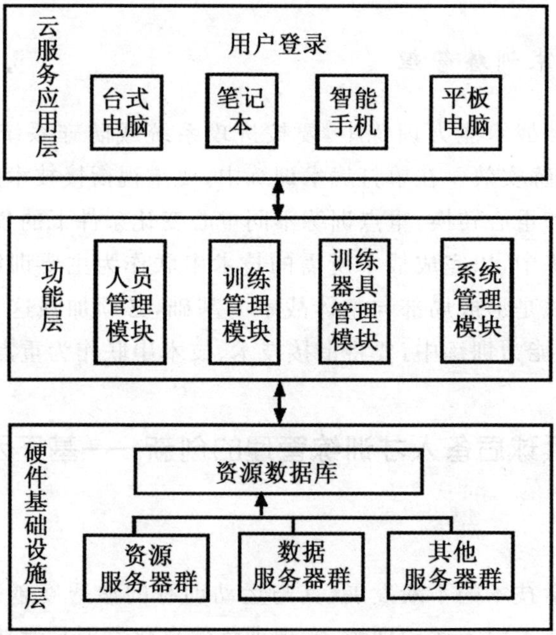


**图 7-1　基于云计算的训练管理系统**①

① 樊云．基于云计算的运动训练管理系统设计[J]．电子设计工程，2022，30(08)：128-132.

### （一）硬件基础设施层

硬件设施层以云硬件为基础，包括资源服务器群、数据服务器群以及其他服务器群，在服务器上构建对应的资源数据库，为功能层各项功能的实现提供基础保障。

### （二）功能层

功能层以硬件设施层为基础，可分为下列 4 个具体的模块。

1. 人员管理模块

人员管理模块主要用于收集整理乒乓球后备人才档案信息与训练信息，便于实时查询、修改与统计分析等操作。

2. 训练管理模块

训练管理模块中包含训练的人员、内容、场地、规则以及时间等详细的训练信息，基于训练管理信息进行数据分析，判断训练结果，保存详细训练结果便于后续统计与查询。

训练管理模块是基于云计算的乒乓球训练管理系统设计的核心，需从训练结果分析流程着手进行详细设计。训练结果分析流程大致分为图 7-2 所示的 A、B、C 共 3 个层次。

图 7-2 中，A 层为训练计划层，B 层为训练结果层，C 层为分析结果层。实线框内为内部信息，虚线框内为外部信息。

A 层：训练计划层中主要包含训练计划与作息时间安排等信息，可根据比赛时间安排与教练员经验来制订训练计划。

B 层：训练结果层中包括训练过程中提取的训练计划执行情况、各种辅助训练情况、动作完成情况等不同参数。

C 层：分析结果层是从训练结果中提取相关参数，利用数学方法对不同参数进行初步分析，确定参数间的相关性。同时基于初步分析结果对不同参数实施进一步分析，以此研究科学的训练方法，提升乒乓球后备人才的训练效率和运动水平。

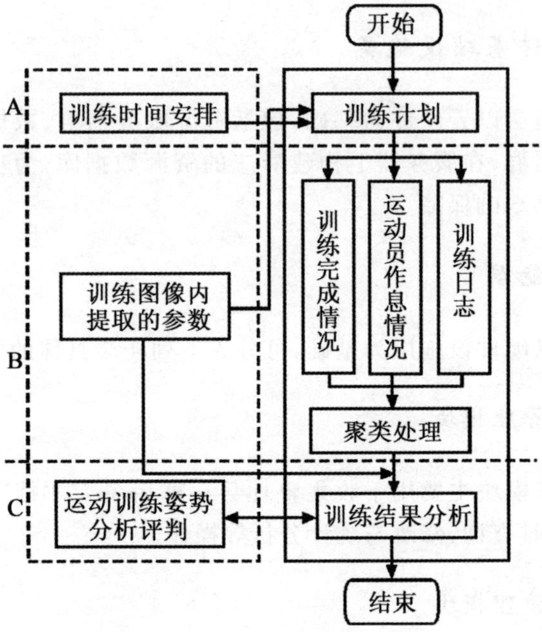


图 7-2 训练结果分析流程①

3. 训练器具管理模块

训练器具管理模块主要负责对训练器具的借用时间、借用人员以及使用规范等信息的查询、统计与管理。

4. 系统管理模块

系统管理模块的主要功能是管理系统使用者的相关数据，使用者使用正确的账号与密码登录系统，根据账号的相应权限应用系统功能。系统管理员要不断完善数据库与系统功能，提升系统的可扩展性。

## （三）云服务应用层

云服务应用层作为系统与使用者的交互通道，利用不同形式提升使用者与系统之间的交互能力，方便使用者发挥能动性的同时也使系统的价值得到最大程度的发挥。

① 樊云．基于云计算的运动训练管理系统设计[J]．电子设计工程，2022，30(08)：128-132.

# 第三节 乒乓球后备人才培养质量管理

乒乓球后备人才是乒乓球运动生存与发展的基础资源，乒乓球后备人才梯队建设质量、乒乓球后备人才培养质量对乒乓球事业的发展产生了关键影响。因而，在乒乓球后备人才培养中要加强质量管理，分析当前存在的质量问题，将先进的质量管理理论引入乒乓球后备人才管理中，采取切实可行的管理方案与策略，有效提高乒乓球后备人才培养质量，也就是提高乒乓球后备人才的综合素养，实现乒乓球后备人才全面发展的培养目标。下面重点从三个方面探讨我国乒乓球后备人才培养质量管理的思路。

## 一、以质量为目标，满足长远发展需要

在体教融合理念下培养乒乓球后备人才，整个培养过程中都要注重质量问题。培养主体要对自己严格要求，也要对培养对象严格要求，要根据现实需要来培养能够为祖国建设、乒乓球事业发展添砖加瓦的优秀人才。加强乒乓球后备人才培养的质量管理，既要抓好乒乓球后备人才文化教育和运动训练过程中的质量，又要抓好乒乓球后备人才培养结果的质量。文化课教师和乒乓球教练员要在文化教育和运动训练中尽职尽责，采取科学合理的教学方法、训练方法来提高青少年乒乓球后备人才的文化素养和专项技能水平，在整个教学与训练过程中都要加强管理，提高教学与训练质量。文化教育与运动训练过程不断优化必然能够促进最终培养质量的提升，最终培养出来的乒乓球后备人才能够被社会认同和接受，符合社会发展和乒乓球事业发展的需求，能够充分发挥自身在专业领域的价值。

无论是学校，还是俱乐部，在乒乓球后备人才培养中追求的基本质量目标是相同的，即培养全面发展的乒乓球专门人才和满足社会需要的合格乒乓球运动员。在这一基本质量目标的框架内，各培养单位应从自

身的组织职能出发，建立具有层次性的培养质量目标，各层次的质量目标必须具有可测量性，并与各培养单位总的体育人理念和质量方针保持高度的契合。

优秀的乒乓球后备人才是乒乓球事业发展的生命线，乒乓球后备人才培养工程只有最终有高质量的产出，才能赢得市场和信誉，从而形成良性循环的人才培养机制。在激烈的乒乓球竞技市场竞争中，乒乓球后备人才培养单位只有贯彻质量第一的原则，加强全面的质量管理，才能赢得政府、社会、家长以及青少年的信任。

## 二、以人为本，全员参与后备人才质量管理

在乒乓球后备人才培养的质量管理中，人作为管理主体，对质量管理效果具有决定性影响。在具体管理过程中，必须将广大管理主体的能动性和创造性充分调动起来，无论是文化课教师，还是教练员，抑或是相关管理者，都要树立质量第一的理念，落实质量责任，全面参与质量管理，并在管理过程中加强协作，提高管理工作效率和最终管理效果。

乒乓球后备人才培养质量管理涉及各级管理机构和管理组织，在整个质量管理的全过程中各级管理部门都必须全程参与，在制订各项管理制度时，还有必要让社会力量参与，从而保证乒乓球后备人才培养质量管理系统结构的完整性和系统运行的民主性。

乒乓球后备人才培养质量管理必须贯彻以人为本的管理原则，以人为工作中心，无论是宏观层面上的政府管理部门、协会决策管理部门、俱乐部、后勤部门等，还是微观层面上的后备人才、教练员、家长、学校领导及相关负责人等，都要充分发挥每一位管理者的主体作用，在每个环节都充分调动管理人员的积极主动性，以不断改善乒乓球后备人才培养现状，进而取得良好的管理效果。

贯彻以人为本的管理原则，绝不能忽视在乒乓球后备人才培养质量管理中人的作用，尤其是对培养质量有直接影响的教练员、校领导等主体的作用，将这些主体的积极性与创造性充分发挥出来，使其在培养过程中进行质量监管，能够从根本上保证人才培养质量。只有提高相关管理主体的管理水平和业务能力，才能使人才培养的最终质量有所保障。无论是教练员还是其他管理主体，都要不断提升自己，充实自己，不断积

累丰富的管理知识，掌握先进的管理技能，通过自我发展、自我价值实现而为培养优秀的乒乓球后备人才贡献自己的力量。

### 三、持续改进，不断提高质量管理效果

随着社会的不断发展，对乒乓球后备人才培养质量的要求也越来越高，因此在乒乓球后备人才培养中所追求的质量是没有上限的，也就是说培养优秀的人才是永无止境的。乒乓球后备人才培养的相关组织机构必须注重对专业培养体系的建立健全，促进培养体系的有序运行，促进培养质量的不断提高，保证人才培养的系统性、连贯性和有效性，实现可持续人才培养目标。

持续改进乒乓球后备人才培养质量，要求在乒乓球后备人才培养的整个过程中实施动态管理，并引进全面质量管理理论中的循环管理法，具体包括计划、实施、检验、采取措施四个管理环节，有序开展各个环节的管理工作，循序渐进地进行动态管理，促进乒乓球后备人才培养质量以螺旋式的态势稳步提高。

## 第四节　体教融合视域下乒乓球后备人才培养管理的绩效评价

### 一、体教融合视域下乒乓球后备人才培养管理绩效评价指标的设计

#### （一）指标设计原则

在体教融合视域下评价乒乓球后备人才培养管理绩效时，需遵循以下基本原则来构建评价指标体系。

1. 科学性原则

选择评价指标不能盲目，必须在科学理论的指导下谨慎选择，即必须要有充分的科学依据。贯彻科学性原则，具体要求如下。

(1)评价主体要以科学严谨的态度去选取乒乓球后备人才培养管理绩效的评价指标，指标既要具有普遍意义，又要具有典型性。典型性也就是代表性，代表性越强越好，这样可以避免在评价过程中对投入与产出的重复计算，减轻评价者的工作负担。

(2)避免重复选用同一类型的指标，尽量以简明扼要、易于理解的方式准确表述指标。

(3)所选指标尽可能便于量化，从而为评价者进行关于投入与产出的计算提供便利。尽量人为去量化可以量化的指标，某些指标不能量化也不必勉强，以定性描述为主，但要考虑是否具有直接可测性。

2. 系统性原则

在体教融合视域下培养乒乓球后备人才是一项复杂的系统工程，评价这个庞杂工程的绩效，必然离不开系统论的指导。在系统观的指引下，应对系统的整体特征、系统各要素相互关联与制约的关系进行描述，这就要求按照系统性原则选取指标来评价系统运行的绩效。

贯彻系统性原则选取评价指标，要对乒乓球后备人才培养的特性和现状从整体上予以把握，选择可持续性的、完整的指标，指标体系不要求面面俱到，但与乒乓球后备人才培养质量管理绩效有关的因素必须包含在指标体系中，尤其不能缺少对培养主体的评价指标。

3. 导向性原则

评价乒乓球后备人才培养管理绩效，要在评价体系中体现评价主体希望评价对象注重什么，要体现对评价对象的导向作用。导向性主要是指目标导向性，这是对评价指标体系进行设置的基本原则之一，贯彻该原则，同样要遵循科学发展规律，要明确通过评价所要达到的目标是什么，要明确如何分解目标，并将各项目标逐个完成。

此外，所选评价指标还要具有突出的参考价值，要有利于推动乒乓球后备人才培养质量的优化与提升。

4. 可行性原则

在乒乓球后备人才培养质量的绩效评价中，构建评价指标体系，选取评价指标还必须贯彻可行性原则。所选指标要具有针对性，要能突出后备人才培养的特色，突出培养重点。根据实际需要选取的评价指标还必须是合理的、可操作的、具有前瞻性的，通过这类指标要能够将乒乓球后备人才培养的相关主体的积极性、创造性充分激发出来，通过培养主体的主观努力而提高人才培养绩效。

### (二)指标的确立

在体教融合视域下进行乒乓球后备人才培养管理的绩效评价时，要按上述基本原则选取指标，建立指标体系，见表 7-1①

**表 7-1　乒乓球后备人才培养管理绩效评价的指标体系**

| 一级指标 | 二级指标 |
|---|---|
| 战略领导 | 学校乒乓球项目发展计划的制订 |
| | 学校乒乓球项目工作计划的实施 |
| | 配套政策的制定 |
| 资源配置与管理 | 经费与物资的安排 |
| | 训练安排与竞赛组织 |
| 队伍管理 | 教练员队伍建设 |
| | 运动员队伍建设 |
| 学校产出 | 运动员文化成绩 |
| | 运动员运动成绩 |
| | 运动员综合评价 |
| 社会效应 | 家长的满意度 |
| | 社会的满意度 |

① 于洋．我国乒乓球后备人才“体教结合”培养模式的构建与评价研究[D]．北京：北京体育大学，2009.

## 二、提高乒乓球后备人才培养管理绩效的策略

为促进乒乓球后备人才培养管理绩效的优化与提升，可在后备人才培养中采取以下策略。

### （一）注重制度建设

第一，有关部门要将学校乒乓球训练工作重视起来，并制订可行性高的具体发展规划，将乒乓球训练作为学校体育工作的一部分，充分发挥学校的人才培养作用，利用学校资源培养全面发展的乒乓球后备人才。

第二，面向优秀的乒乓球后备人才制定相关倾斜政策，如特招、加分等，以促进选材生源的扩大。

第三，制定与完善奖励制度，既要奖励优秀后备人才，又要奖励人才培养质量好的单位，文化课教师、教练员等直接培养主体也是奖励的对象，以此来调动相关培养主体和培养对象的积极性。

### （二）推进教练员队伍建设

在乒乓球后备人才培养中，教练员发挥着举足轻重的作用。当前，我国乒乓球后备人才培养中存在教练员队伍整体水平不高的问题，对此，体育部门与教育部门要联合推进教练员队伍建设，根据后备人才培养需要将各个培养单位的专业教练员配足配强，并对教练员的日常执训工作予以监督。在教练员队伍建设中要提升其职业道德意识和责任感，使其能够在青少年乒乓球运动员训练中，面对运动水平参差不齐的后备人才做到因材施教，设计针对不同后备人才的个性化训练方法，提高训练效果。此外，体育主管部门还应当定期组织教练员岗位培训，鼓励教练员进修，切实提高教练员队伍的整体业务能力。

### （三）合理配置资源

学校在培养乒乓球后备人才方面具有自身的优势，集中体现在思想教育、文化教育、生源广、学习环境好等方面，但学校作为体育人才培养

单位，也有自身的不足，如训练力量薄弱，训练保障不到位，竞赛网络不健全等。对此，应合理配置体育系统与教育系统的人才培养资源，包括物力资源、人力资源和财力资源，不断优化学校乒乓球后备人才的培养环境，如物质环境、人文环境等，保证乒乓球后备人才文化教育、日常训练以及参赛的顺利进行，这些都有利于提高乒乓球后备人才培养质量和管理绩效。

# 参考文献


[1]温娇. 乒乓球后备人才技战术的科学训练与评价模型构建[M]. 长春:吉林大学出版社,2018.

[2]唐东阳. 卓越体育教师培养系列教材乒乓球[M]. 武汉:华中科学技术大学出版社,2022.

[3]张红玲. 高校学术文库体育研究论著丛刊 乒乓球教学与训练[M]. 北京:中国书籍出版社,2019.

[4]黄莉,马鑫. 乒乓球技能训练研究[M]. 北京:中国戏剧出版社,2018.

[5]于海峰. 乒乓球基础知识与技能指导[M]. 济南:山东友谊出版社,2019.

[6]陈佩杰,唐炎. 青少年乒乓球运动技能等级标准与测试方法[M]. 北京:科学出版社,2018.

[7]乔孟杰. 现代乒乓球的发展与训练技能研究[M]. 武汉:武汉大学出版社,2016.

[8]董川,陈玲. 我国运动员社会保障的机遇、挑战与对策[J]. 牡丹江师范学院学报(自然科学版),2020(02):66-69.

[9]高建玲. 我国普通高校推进“体教融合”的路径解析[J]. 当代体育科技,2020,10(36):138-140.

[10]张志华. 我国高校竞技体育后备人才培养的理论与实践研究[M]. 北京:化学工业出版社,2014.

[11]龚佳雨,何阳. 体教融合视域下我国竞技体育后备人才培养的困境与路径[J]. 青少年体育,2022,116(12):62-64.

[12]王冬,纪利娟. 从“体教结合”到“体教融合”——竞技体育发展方式的转变[J]. 当代体育科技,2014,4(32):80+82.

[13]吴建喜. 论“体教结合”向“体教融合”的转变[D].北京: 北京体

育大学,2009.

[14]孟媛媛. 我国竞技乒乓球后备人才培养现状及分析研究[D]. 北京:北京体育大学,2017.

[15]蒋米雪. 竞技体育后备人才培养的问题及策略[J]. 人才资源开发,2022,480(21):76-77.

[16]刘丹. 青少年乒乓球运动训练纲要与教法指导[M]. 北京:人民体育出版社,2011.

[17]吴广. 我国竞技乒乓球青年后备人才培养现状分析[J]. 青少年体育,2017,55(11):36-37+105.

[18]戴苏川. 乒乓球后备人才培养的影响因素辨析[J]. 牡丹江教育学院学报,2014,151(09):124-125.

[19]骆建. 对运动训练中的超量恢复现象与超量恢复原理的审视[J]. 中国体育科技,2001(06):10-12

[20]聂红海. 河北省专业运动员文化课学习对其竞技能力发展的作用分析[D].石家庄:河北师范大学,2015.

[21](美)BillForan 著;袁守龙,刘爱杰译. 高水平竞技体能训练[M]. 北京:北京体育大学出版社,2006.

[22]孙登科. 运动训练学[M]. 北京:北京体育大学出版社,2006.

[23]张忠秋. 优秀运动员心理训练实用指南[M]. 北京:人民体育出版社,2007.

[24]胡亦海. 竞技运动训练理论与方法[M]. 北京:人民体育出版社,2014.

[25]兰彤. 乒乓球正手击球技术原理阐释[J]. 体育研究与教育,2016,31(03):75-81.

[26]苏丕仁. 乒乓球运动教程[M]. 北京:高等教育出版社,2004.

[27]彭小伟,汪嘉琦. 体教融合视域下美国高校学生运动员文化教育管理经验与启示[J]. 武汉体育学院学报,2022,56(02):79-84+92.

[28]于珊. 我国优秀运动员文化教育管理体制改革研究[J]. 现代农业研究,2018,36(12):108-109.

[29]张伊. 河北华夏幸福足球俱乐部后备人才培养质量的评价研究[D].济南:山东体育学院,2020.

[30]蔡建辉. 全面质量管理在 CBA 后备人才培养管理体系中的应用[D]. 上海:华东师范大学,2012.

[31]樊云. 基于云计算的运动训练管理系统设计[J]. 电子设计工程,2022,30(08):128-132.

[32]刘托,兰彤,贾雪峰. 体教融合背景下日本乒乓球后备人才培养模式与启示[J]. 沈阳体育学院学报,2021,40(03):97-107.

[33]于洋. 我国乒乓球后备人才"体教结合"培养模式的构建与评价研究[D].北京:北京体育大学,2009.

[34]张铭辰."体教结合"培养模式下乒乓球后备人才培养的现状及发展路径研究[D].沈阳: 沈阳体育学院,2013.

[35]张怡宁."体教融合"背景下正定国家乒乓球训练基地后备人才培养现状与优化研究[D].广州: 华南理工大学,2021.

[36]党丽萍. 论运动员的竞技能力与文化素质[J]. 甘肃科技,2008(06):95-96+110.

[37]周小云. 青少年运动员文化学习现状及其应对策略[J]. 体育世界(学术版),2019,791(05):103-104.

[38]缪振尚. 从技能角度看乒乓球运动的专项特征[J]. 当代体育科技,2013,3(04):113-114.

[39]刘建和. 乒乓球教学与训练[M]. 北京:人民体育出版社,2004.

[40]路富林. 浅析乒乓球战术意识的培养[J]. 内江科技,2013,34(03):181+136.

[41]李林,杨成波. 乒乓球竞赛组织与管理[M]. 成都:电子科技大学出版社,2011.